BRICOLAGE FACILE AVEC

JON4S

19 TUTOS
POUR FABRIQUER
DES OBJETS UTILES
SANS SE RUINER

Retrouvez toutes nos nouveautés et actualités sur www.laplage.fr

Écrivez-nous :

- Pour toute demande ou réclamation : info@laplage.fr
- Pour envoyer vos manuscrits : edition@laplage.fr

58, rue Jean Bleuzen – 92178 Vanves cedex

Dépôt légal : mars 2025

NUART : 7506955

ISBN : 9782383382584

Direction éditoriale : Ariane Lainé-Forrest

Suivi éditorial : Garance Ducol

Relecture : Laëtitia Le Naour

Conception graphique : Nicolas Gallois

Mise en pages : SKGD-Création

Fabrication : Léa Legentil

Responsable marketing et communication : Charlotte Couture (ccouture@laplage.fr)

Cheffe produit marketing et communication : Lucie Ollagnier (lollagnier@hachette-livre.fr)

Responsable partenariats : Dana Lichiardopol (dlichiardopol@hachette-livre.fr)

Toutes les photographies sont de Jonas Monnier à l'exception de celle de la page 56, © Société des Ocres de France, ainsi que celle de couverture et des pages 12 et 15 © Jennifer Gourdel.

 Imprimé en France sur du papier certifié sans chlore issu de forêts gérées durablement, avec des encres végétales sur les presses de Pollina, un imprimeur reconnu pour ses pratiques respectueuses de l'environnement.

IMPRIM'VERT
Votre imprimeur agit pour l'environnement

PAPIER À BASE DE FIBRES CERTIFIÉES

éditions la plage s'engage pour l'environnement en réduisant l'empreinte carbone de ses livres. Celle de cet exemplaire est de : 1,3 kg éq. CO_2

BRICOLAGE FACILE AVEC

JON4S

19 TUTOS POUR FABRIQUER DES OBJETS UTILES SANS SE RUINER

éditions la plage

SOMMAIRE

INTRO

LES TUTOS DE BASE

LES PROJETS

MA PHILOSOPHIE

D'aussi loin que je m'en souvienne, j'ai toujours aimé bricoler. Je me revois tenir le marteau à deux mains pour aider mon père à fabriquer la cabane qui allait occuper une grande partie des jeux de mon enfance. Je me rappelle les heures passées à rêver de constructions en tous genres en m'inspirant des quelques livres de bricolage jeunesse que j'avais à disposition. Je garde un souvenir assez précis de ces journées complètes passées dans le vieil atelier au sol en terre, accolé à la maison que mes parents rénovaient, à me lancer dans mille et un projets, dont seuls quelques-uns finissaient par aboutir, faisant la fierté de ma maman.

Bref, vous l'avez compris, bricoler est une sorte de madeleine de Proust pour moi. Alors que j'avais abandonné cette activité pendant des années pour me consacrer à mon métier de développeur informatique, cette envie de créer est réapparue dès que j'ai de nouveau eu un espace qui pouvait me servir d'atelier et quelques outils à disposition !

J'ai gardé de cette expérience dans le monde de l'informatique le goût et la culture du partage. Vous ne le savez peut-être pas, mais en parallèle du développement de l'informatique commerciale et des géants de la tech, des communautés de développeur·ses ont créé les logiciels libres, des programmes dont le code est ouvert et accessible afin de pouvoir modifier, améliorer et créer de nouveaux projets à sa guise. Ils travaillent ainsi pour le bien commun plutôt que de fermer, breveter et priver les utilisateur·rices de liberté. J'ai essayé d'entretenir cet état d'esprit en publiant tous les plans de cet ouvrage sous licence Creative Commons afin que vous soyez libre de les reprendre et de les adapter selon vos besoins et envies.

Quand on parle de bien commun, on ne peut pas s'empêcher de penser à ce que l'humanité a de plus précieux : une planète riche et accueillante, que nous sommes en train de rendre inhabitable en l'exploitant plus que de raison. Ce constat est une composante essentielle de mes actions au quotidien et donc de ce livre. J'ai conçu tous les projets présentés ici pour être les plus sobres possible. Certains ont pour but de recycler, de remplacer des produits industriels ou encore de nous rendre plus autonomes.

Dans cette logique, j'ai exclu tous les composants polluants et, sauf cas particulier, tous les tutos de ce livre n'utilisent que des matériaux 100 % naturels : bois, carton, fibres végétales… Lorsque le plastique est utilisé (parce que c'est la seule option possible), je prends garde à ne pas l'agglomérer avec un matériau naturel afin de ne pas faire de ce nouveau composant un déchet qui ne soit ni recyclable ni biodégradable.

Cet ouvrage est le reflet de ce que j'ai décidé de mettre en œuvre dans la vie quotidienne, et tous les projets présentés sont vegan. Que ce soit pour des raisons environnementales ou pour des questions éthiques, cela me semble être de toute façon la voie que toute société moderne finira par emprunter.

Dans une optique plus pragmatique, j'essaye toujours de faire en sorte que le budget de mes tutos reste raisonnable et accessible au plus grand nombre. C'est même souvent le point de départ d'un projet : comment faire pour avoir accès à un objet ou une fonctionnalité sans me ruiner ? Loin de moi l'idée de dénigrer le travail des artisanes et travailleurs. Tout travail mérite salaire et le coût d'un objet réside souvent dans la qualité des matériaux utilisés et du temps passé à le produire !

Je terminerai cette introduction par un mot sur quelques formes d'écriture que vous pouvez croiser dans cet ouvrage. Féminin neutre, accord de proximité et autres astuces pour faire en sorte que la langue soit inclusive. Pas de panique, vous ne le remarquerez peut-être même pas !

Voilà, vous connaissez maintenant les lignes directrices de ce livre et les enjeux qui agitent mes projets ! J'espère que vous prendrez du plaisir à créer, modifier, improviser, réinventer, partager…

N'hésitez pas à m'envoyer des photos de vos réalisations et à me taguer (@jon4s) quand vous les partagez sur les réseaux sociaux. J'essaye de répondre à tous les messages, mais je suis parfois débordé par leur nombre, alors le délai est parfois long. J'ai du mal à répondre aux demandes de conseils spécifiques car il est compliqué d'être pertinent sans y passer beaucoup de temps et vivre la matérialité d'un projet. N'hésitez toutefois pas à me contacter, la phase de rédaction et d'explication d'un problème permet souvent de nous ouvrir les yeux et d'aboutir à sa résolution.

Bons projets !

LES OUTILS

Un des objectifs de cet ouvrage est de proposer des tutos accessibles au plus grand nombre et ne nécessitant pas ou peu de matériel hors du commun. Lorsque c'est possible, j'ai tenté de vous proposer des alternatives aux outils les plus spécifiques.

Un outil électrique peut en effet souvent être remplacé par un outil à main permettant d'obtenir le même résultat, avec en général une dose d'huile de coude supplémentaire. La ponceuse électrique est par exemple remplaçable par le papier de verre et la scie circulaire par une scie égoïne.

J'ai pris le parti dans ce livre (et j'essaie de le faire dans les vidéos que je publie sur les réseaux sociaux) de limiter mon utilisation des outils électroportatifs à la scie sauteuse, la ponceuse électrique et la perceuse visseuse, qui sont des outils basiques sans lesquels il est beaucoup plus compliqué de travailler efficacement. Ce sont sans doute les premiers « gros » achats que vous souhaiterez effectuer si vous voulez être propriétaire de votre matériel.

LES BASIQUES

Ce sont les outils à main que j'ai utilisés pour les projets présentés dans cet ouvrage. Ils permettent de réaliser bon nombre de petits bricolages du quotidien et sont individuellement accessibles pour des budgets relativement réduits. Vous en possédez probablement déjà une partie si vous aimez bricoler !

A) LE CUTTER
Pensez à remplacer sa lame quand elle est usée, cela fait la différence ! Et attention à vos doigts…

B) LA RÉGLETTE MÉTALLIQUE
Le partenaire idéal du cutter. Disponible de 20 à 100 cm en magasin de matériel artistique.

C) L'ÉQUERRE DE MENUISIER
Un essentiel pour la plupart des projets bois.

D) LE NIVEAU
Pratique dans de nombreux cas, lui seul nous donnera la vérité sur la planitude des choses.

E) LE MÈTRE
Pensez à écrire votre prénom dessus car il a tendance à facilement disparaître.

F) LA SCIE ÉGOÏNE
Une denture fine vous permettra d'obtenir des résultats plus soignés mais sera moins adaptée pour les coupes de grosses sections.

G) LA SCIE À MÉTAUX
Pratique pour couper un clou ou une tête de vis insortable.

H) LES CISEAUX À BOIS ET LE MAILLET
Vous ne pourrez pas vous en passer si vous souhaitez effectuer des assemblages de la famille des tenons et mortaises ou des rainures pour insérer le plateau d'un arbre à chat dans un tronc par exemple.

I) LES RÂPES
Si vous avez un doute sur cet investissement, le modèle premier prix vous rendra bien des services.

J) LES SERRE-JOINTS
Ils servent tout le temps ! Que ce soit pour effectuer un collage ou simplement assembler 2 pièces avant de les visser.

K) LES TOURNEVIS
Il vous faut au moins un modèle à tête plate pour ouvrir les pots à couvercle encastré. Pour le reste, je vous conseille le modèle porte-embouts.

L) LE TOURNEVIS PORTE-EMBOUTS
Accompagné d'un jeu d'embouts, cet investissement vous sera forcément utile.

M) LE MARTEAU DE CHARPENTIER
Un basique, pratique avec son option arrache-clou.

N) LE PIED-DE-BICHE
Essentiel pour tous les projets nécessitant de démonter des palettes.

O) LA MASSETTE
Partenaire du pied de biche pour le démontage des palettes, elle sera beaucoup plus efficace qu'un simple marteau.

P) LA TENAILLE
Elle pourra occasionnellement vous aider à extraire les clous récalcitrants.

Q) LA SPATULE
Nécessaire principalement pour appliquer la pâte à bois.

R) LE PINCEAU
Pour peindre, bien évidemment, mais aussi pour étaler la colle.

Retrouver ma sélection d'outils

LES OUTILS ÉLECTROPORTATIFS

La perceuse-visseuse, la ponceuse et la scie sauteuse sont les outils que j'ai massivement utilisés pour les projets de ce livre. Ils sont tous 3 remplaçables par des outils à main, mais il est fortement recommandé de les utiliser pour éviter de se compliquer la tâche.

A) LA PERCEUSE-VISSEUSE

Si vous ne deviez posséder qu'un seul outil électrique, ce serait celui-ci. En effet, rares sont les projets bois ne nécessitant pas de visser ou de percer des trous. Accompagnée d'une batterie de rechange pour ne jamais tomber en panne au milieu d'un projet, la visseuse vous fera gagner un temps fou.

B) LA SCIE SAUTEUSE

Sa capacité à couper des épaisseurs de bois importantes et à réaliser des courbes très précises fait de la scie sauteuse un outil de base pouvant servir dans de nombreux projets. J'évite en revanche de l'utiliser pour réaliser des coupes droites, privilégiant la précision d'une scie égoïne (ou d'une scie circulaire si vous en possédez une).

C) LES PONCEUSES

Essentielles pour éviter de passer des heures à poncer à la main (mais comment faisait-on avant leur invention ???). Il existe 3 grands types de ponceuses : la ponceuse triangulaire multifonction, la ponceuse excentrique et la ponceuse à bandes.

Ces 3 modèles sont assez complémentaires et n'ont pas les mêmes caractéristiques. Si vous devez en choisir un, je vous conseille de partir sur le modèle triangulaire multifonction, qui, comme son nom l'indique, vous permettra de multiples usages. Sa forme triangulaire peut ainsi poncer dans des recoins où les autres modèles ne peuvent pas accéder.

En fonction du grain de papier utilisé, de 40 (décapage/dégrossissage) à 320 (finition très soignée), votre ponceuse vous permettra d'avoir une action plus ou moins abrasive.

Mon petit chouchou : la ponceuse excentrique que j'utilise à tout bout de champ, pour poncer, mais parfois aussi pour façonner le bois avec un papier de grain 80.

MUTUALISER LES OUTILS

Alors qu'il semble pertinent que chaque foyer soit équipé d'un minimum d'outils pour subvenir à ses besoins basiques en bricolage, il paraît évident que tout le monde n'a pas besoin de posséder l'ensemble des outils décrits ci-avant et encore moins de matériel plus spécifique comme une scie circulaire, un perforateur, ou une tronçonneuse qui ne seront utilisés que quelques minutes par an ? Cela n'en vaut pas le coût (ni pour notre portefeuille, ni pour notre environnement !).

LOUER

Tous les outils électroportatifs sont disponibles à la location dans les enseignes spécialisées : à partir d'une dizaine d'euros par jour pour une visseuse par exemple. Idéal pour un outil que l'on n'utilise que rarement ou pour tester différents modèles plutôt que de se lancer dans un investissement à l'aveugle !

EMPRUNTER

Il y a bien des bricoleur·ses parmi les membres de votre famille ou les personnes que vous connaissez, non ? Alors si elles ne sont pas trop attachées à leurs outils, elles pourront sans doute vous les prêter pour quelques jours. Dans ce cas, pensez juste à remplacer les consommables que vous aurez utilisés (papier de verre, mèches que vous pourriez user ou abîmer…).

TROUVER UN ATELIER PARTAGÉ

Il existe de nombreuses associations, FABLAB ou Makerspaces qui mettent à disposition des ateliers partagés partout en France. Que cela soit pour le travail du bois, du métal, du textile, ou tout cela à la fois, il y en a peut-être un près de chez vous. Vous pourrez souvent y suivre aussi des cours ou des formations.

L'atelier de La Belle Déchette à Rennes.

LA SÉCURITÉ

Je ne pouvais pas écrire ce livre sans vous glisser quelques mots sur la sécurité ! Bien que ça ne soit pas ma spécialité (je me suis parfois fait reprendre dans les commentaires de mes vidéos), je vais essayer de vous donner quelques bases ! Alors évidemment, il est commun de se faire des bobos quand on bricole. Je ne compte plus les échardes, éraflures et autres petits désagréments sans grandes conséquences. Mais tant qu'à faire, autant les éviter. Et surtout, autant éviter les plus gros problèmes ! Voici un tour d'horizon varié de tous mes points de vigilance.

LES ÉQUIPEMENTS DE PROTECTION INDIVIDUELLE (EPI)

Les équipements de protection individuelle doivent être présents dans tout atelier qui se respecte. Et comme on a tendance à vite les oublier, il est important qu'ils soient visibles et faciles d'accès.

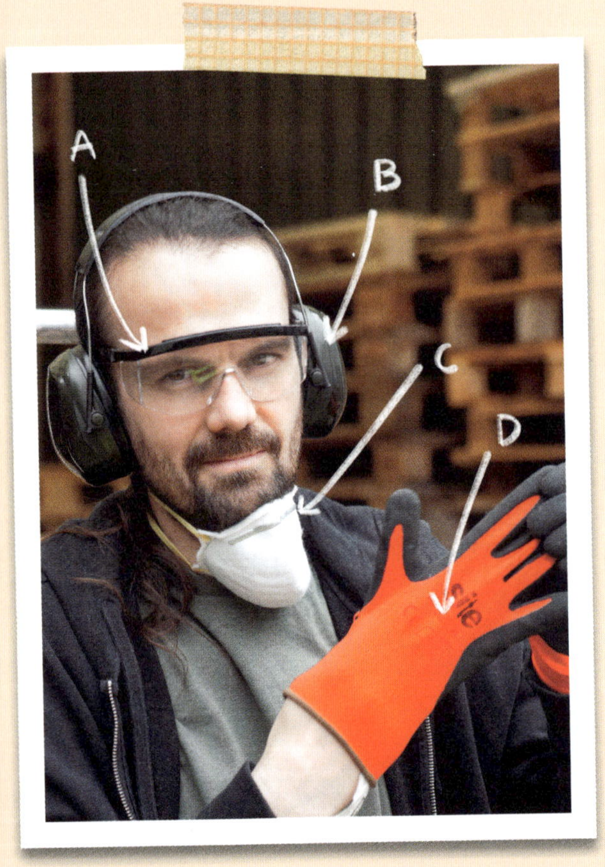

A) LES LUNETTES DE PROTECTION
Obligatoires pour tous les travaux de coupe à l'aide d'outils électriques.

B) LE CASQUE ANTIBRUIT (ou les bouchons auriculaires)
À utiliser dès que vous manipulez un équipement à fort volume sonore.

C) LE MASQUE ANTIPOUSSIÈRE
À enfiler dès que vous utilisez votre ponceuse ou que vous générez de la poussière.

D) LES GANTS
Pensez-y quand vous manipulez des morceaux de bois susceptibles de comporter des échardes.

ATTENTION AUX CLOUS

L'évacuation des pièces dangereuses et le maintien d'un environnement rangé sont essentiels pour la sécurité d'un atelier (pour soi et pour toutes les personnes, enfants et animaux compris, qui pourraient être amenés à se déplacer dans la zone parfois de manière imprévue). Les planches de palettes sur lesquelles vous n'avez pas encore enlevé les clous sont par exemple particulièrement dangereuses.

LE POSITIONNEMENT DES MAINS

Comme en cuisine, on peut éviter un grand nombre de blessures en prenant garde à ne pas positionner ses mains sur la trajectoire potentielle d'une lame (ou d'une mèche), en prenant en compte la possibilité qu'elle dévie ou qu'elle dérape (c'est en général à ce moment que la blessure peut survenir). Si vous ne parvenez pas à trouver un positionnement théoriquement sans danger, c'est qu'il y a un problème. Vous devez dans ce cas réfléchir à une autre option : utilisation de serre-joint, fabrication d'un gabarit, changement de l'ordre des étapes…

LES VIDÉOS

Faites particulièrement attention si vous souhaitez vous filmer en train de bricoler. Je me suis déjà blessé en me regardant percer une pièce de bois à travers l'écran de mon téléphone. La vision indirecte nous fait en effet perdre nos repères et peut nous amener à effectuer des gestes incohérents avec notre environnement.

L'APÉRO

La règle est simple dans l'enceinte de mon atelier : pas d'alcool. Ce principe indéboulonnable permet d'éviter tout dérapage. À titre d'exemple, l'alcool à lui seul est responsable de 10 à 20 % des accidents du travail et est impliqué dans 40 à 45 % des accidents mortels ! Cela n'empêche évidemment pas de fêter (avec modération) la fin d'une semaine de travail acharné, à l'extérieur de l'atelier et seulement une fois que la journée est terminée.

LE VACCIN CONTRE LE TÉTANOS

Le tétanos est une maladie infectieuse qui se contracte par l'infection d'une plaie par une bactérie présente dans l'environnement et en particulier sur les outils rouillés comme les clous. La bonne nouvelle, c'est que vous avez forcément été vacciné·e quand vous étiez enfant. En revanche, avez-vous effectué vos rappels à 25 ans, 45 ans et 65 ans, puis tous les 10 ans ?

LES PRODUITS CHIMIQUES DANGEREUX

Il existe de nombreux produits polluants parmi les matériaux que nous utilisons pour bricoler. La bonne nouvelle, c'est que la législation impose l'affichage de pictogrammes indiquant la dangerosité des produits chimiques composant un produit. Avant chaque achat, je prends soin de vérifier l'absence de ces logos !

Dangereux pour l'environnement

Toxique

Toxique, irritant, sensibilisant, narcotique

Sensibilisant, mutagène, cancérogène, reprotoxique

LES COMPOSÉS ORGANIQUES VOLATILS (COV)

Les composés organiques volatils sont des molécules pour la plupart cancérogènes qui sont relâchées par de nombreuses matières dans l'air intérieur de nos logements.

Cloisons, revêtements de sols, isolants, peintures, vernis, colles, adhésifs… En France, tous les produits de construction et de décoration destinés à l'usage intérieur doivent posséder une étiquette indiquant leur niveau d'émissions en polluants volatils allant de la lettre A+ (très faibles émissions) à C (fortes émissions).

Pour s'en prémunir, le plus simple est de toujours choisir des matières premières estampillées A+ et d'aérer quotidiennement son logement.

Attention à tous les bois recomposés comme l'OSB, le medium ou l'aggloméré ! Ils sont bourrés de COV qui mettront parfois plusieurs années à être complètement relâchés. Rendez-vous en page 19 pour en savoir plus.

site

LE BOIS

Même s'il a massivement été remplacé par le plastique au cours du siècle dernier, le bois est partout : dans nos maisons, dans nos meubles et dans de nombreux objets du quotidien. Mais quand on parle de bois, on parle en fait de matières variées ayant des caractéristiques sensiblement différentes. Voici un petit tour d'horizon des différents types de bois et de leurs utilisations !

LE BOIS BRUT

LES GRUMES

Ce terme, utilisé dans le milieu forestier, désigne les troncs d'arbres desquels on a enlevé les branches. On parle plutôt de billon ou de rondin de bois lorsque le tronc a été coupé en morceaux de 2 m et de bille lorsque les morceaux sont plus petits.
Ces formats étant destinés à l'industrie du bois, il est rare que le bois arrive jusqu'à nous sous cette forme. Rendez-vous en page 24 pour savoir où les trouver (ou plutôt, où les chercher) !

LES PLANCHES DE BOIS BRUT DE SCIAGE

On parle de bois brut de sciage pour désigner les épaisses planches issues de la première coupe effectuée sur les grumes. Elles sont non rabotées et l'écorce est souvent encore visible sur les champs (les côtés) du bois. Si vous les trouvez en magasin de bricolage, il y a fort à parier qu'elles vous coûteront une petite fortune. La meilleure option pour se les procurer à un prix correct : habiter à côté d'une scierie ou débiter des grumes que vous aurez vous-même bûcheronnées.

LE BOIS MASSIF

S'il reste relativement facile et bon marché de trouver des baguettes, des madriers ou des poutres de résineux, les bois plus nobles comme le chêne sont beaucoup plus rares ! Les panneaux de bois massifs sont quant à eux quasiment introuvables quelles que soient les essences recherchées.

LES PALETTES

Les palettes sont LA source de bois gratuit par excellence, mais attention, elles ne sont pas toujours si faciles à trouver et le démontage peut s'avérer fastidieux si on ne sait pas comment s'y prendre. Rendez-vous en page 20 pour tout savoir sur les différents types de palettes et savoir où les trouver, puis en page 36 pour savoir comment les démonter et enfin en page 43 pour les réparer.

LE STOCKAGE DU CARBONE

Vous vous rappelez forcément de ce cours de sciences naturelles : lors de la photosynthèse, les végétaux absorbent du dioxyde de carbone (CO_2) et émettent de l'oxygène. Ce que l'on a souvent tendance à oublier, c'est que ce CO_2 est stocké de manière durable sous forme de carbone dans les racines, dans les feuilles et surtout dans le tronc des arbres. Cela veut dire qu'à chaque fois que nous utilisons du bois pour la construction de nos habitations, de nos meubles ou de tout autre produit, nous stockons du carbone sous forme solide.

1 kg de bois sec contient ainsi environ 400 g de carbone et aura absorbé presque 1,5 kg de CO_2 durant la croissance de l'arbre ! Un meuble en bois de 50 kg permet donc de capter 75 kg de CO_2. Pas mal non ?

LES ASSEMBLAGES DE BOIS

LES PANNEAUX DE LAMELLÉ-COLLÉ

C'est le type de panneaux que vous trouverez dans les rayons des magasins de bricolage avec des formats allant de 30 à 60 × 200 cm. Visuellement assez proches des panneaux de bois massif, ils sont composés d'une multitude de lamelles de bois plus ou moins larges collées entre elles. Leur gros avantage, c'est qu'ils sont beaucoup moins chers et plus faciles à trouver que le bois massif.

Avant de les acheter, prenez bien soin de vérifier que toutes les lamelles sont bien collées, et que les panneaux n'ont pas pris trop de jeu (surtout si vous choisissez des modèles premier prix). Le plus simple pour cela est de poser votre panneau sur un sol plat (le sol du magasin) et de vérifier qu'il est bien plaqué au sol. S'il y a trop de jeu, choisissez un autre panneau !

C'est ce type de panneaux en pin que j'utilise en général pour fabriquer les plateaux de mes arbres à chat.

LE CONTREPLAQUÉ

Composés de fines plaques de bois croisées et collées entre elles, les panneaux de contreplaqué sont à la fois robustes et faciles à travailler. Leur assemblage particulier leur confère une grande stabilité dimensionnelle : contrairement au bois naturel, il ne se déforme ni sous l'effet de l'humidité ni sous l'effet de la chaleur. Son plus gros défaut : il n'aime pas être exposé à l'eau de façon prolongée.

Pour cela, il existe le contreplaqué marine qui utilise des colles et essences résistant à l'humidité de bois spécifiques. Comme son nom l'indique, il peut être utilisé pour la construction navale.

LES BOIS RECOMPOSÉS

L'aggloméré, le medium ou l'OSB sont tous 3 des panneaux de bois recomposés, fabriqués sous pression à base de résidus de bois, de colles et de résines. Leur gros défaut ? La plupart des colles et les résines utilisées contiennent de multiples composés organiques volatiles (COV), dont le formaldéhyde (aussi connu sous le nom de formol). Ces polluants de l'air intérieur, irritants allergisants et cancérogènes, peuvent être relâchés par un panneau de bois recomposé pendant plusieurs années !

Si vous souhaitez utiliser ce type de matière en intérieur, assurez-vous donc de trouver un fournisseur utilisant de la colle végétale sans formaldéhyde et affichant l'étiquetage A+.

Par principe de précaution, je ne vous proposerai dans ce livre aucun projet à base de bois recomposé, hormis l'établi pour lequel j'ai utilisé un panneau d'OSB de récupération mais qui est stocké en extérieur.

L'EXPLOITATION DU BOIS

Comme vous le verrez dans cet ouvrage, le bois est mon matériau de prédilection. Facile à travailler, esthétique, chaleureux, plus sain et moins polluant que tous ses concurrents, il gagne à revenir sur le devant de la scène. Mais attention, le bois est un produit issu de la forêt et se trouve au cœur d'enjeux économiques et environnementaux majeurs.

En effet, les forêts sont sous pression partout dans le monde : elles regroupent 80 % de la biodiversité terrestre, assurent de façon naturelle l'épuration de l'eau, absorbent et stockent le CO_2 et préservent les sols et leur fertilité. Nous devons à tout prix les sauvegarder pour que notre planète reste vivable !

Alors même si cela ne règle pas tous les problèmes, il est recommandé, quand vous avez le choix, de choisir un produit labellisé FSC ou PEFC. Cela garantit que la forêt fait l'objet d'une exploitation un minimum durable et que les arbres coupés sont replantés.

LES PALETTES

Les palettes sont une source de matière première gratuite ou à petit prix prisées pour le bricolage. Qu'on les démonte entièrement ou qu'on exploite les structures existantes, elles permettent de réaliser de nombreux projets.

Mais savez-vous qu'il existe de nombreux formats de palettes ? Que certaines sont consignées ? Qu'il existe quelques contrôles à effectuer avant d'utiliser une palette ? Voici un tour d'horizon des différents types de palettes ainsi que le vocabulaire nécessaire pour vous y retrouver dans les différents tutos de ce livre.

LES TYPES DE PALETTES

LA PALETTE À DÉS

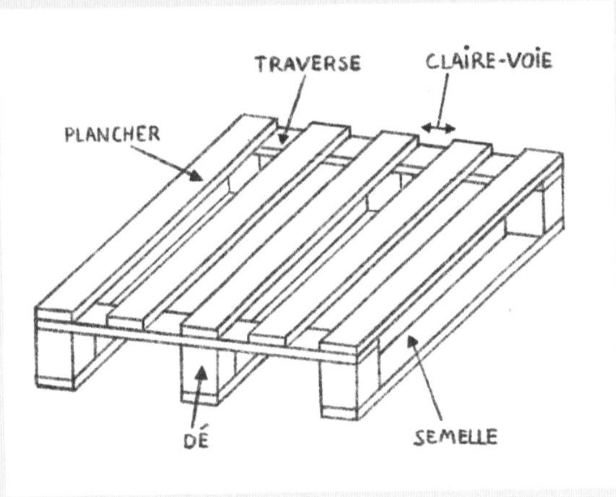

LA PALETTE À CHEVRON

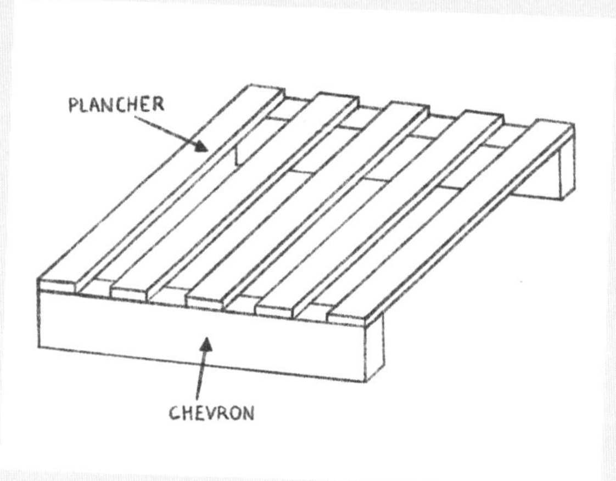

PALETTE CONSIGNÉE OU PALETTE PERDUE ?

LA PALETTE EPAL (OU PALETTE EUROPE)

Reconnaissables au logo EPAL ou EUR marqué à chaud sur leurs dés, ces palettes standardisées de format 80 × 120 cm, lourdes et résistantes, sont un matériau de choix pour le bricolage. Attention cependant, conçues pour être utilisées à de nombreuses reprises, ces palettes sont consignées et peuvent donc parfois être assez compliquées à récupérer.

Quand une palette sort du circuit de consigne, soit parce qu'elle est trop abîmée, égarée, ou parce que le coût logistique de son retour est trop élevé, elle perd une grande partie de sa valeur marchande (elles sont alors reprises pour quelques euros seulement par des entreprises spécialisées). Restez à l'affût pour ne pas manquer les occasions !

Un des avantages de la palette Europe est sa standardisation. On connaît (relativement) précisément ses dimensions, ce qui est très pratique pour le partage de projets facilement réplicables comme dans cet ouvrage. J'essaie cependant de toujours privilégier l'utilisation de palettes perdues, lorsque celle d'une palette EPAL n'est pas essentielle, afin de valoriser des matériaux destinés à destruction.

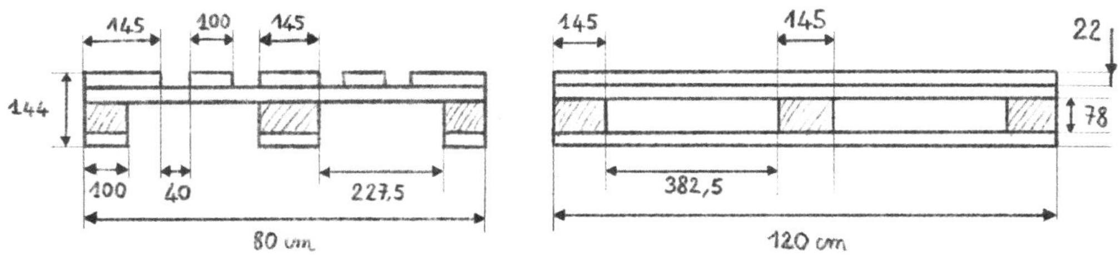

UN PEU D'HISTOIRE

Créée aux États-Unis au début des années 40 pour le transport de matériel militaire par voie ferrée, cette palette a ensuite été standardisée par les réseaux de chemin de fer européens dans les années 50. Dimensionnée pour une optimisation parfaite de la surface du plancher d'un wagon de chemin de fer, elle est aujourd'hui massivement utilisée dans le commerce mondial.

LES PALETTES PERDUES

Contrairement aux palettes Europe, les palettes perdues ne sont pas destinées à être réutilisées et ne sont pas consignées. Les entreprises qui les réceptionnent doivent donc s'en débarrasser ! Elles sont par conséquent beaucoup plus faciles à récupérer.

De dimensions et de qualité très variables, elles sont en général moins solides et plus simples à démonter que les palettes Europe. Cela les rend particulièrement adaptées pour la récupération de matière première. La qualité du bois est en général inférieure à celle des palettes consignées, mais vous pouvez parfois tomber sur de petites pépites. Une palette à chevron pourra par exemple vous fournir 3 belles pièces de section 5 × 10 cm.

OÙ TROUVER DES PALETTES ?

On estime que plus d'un milliard de palettes sont produites chaque année dans le monde (et plusieurs dizaines de millions en France !). Alors même si c'est devenu un peu plus compliqué avec la crise des matières premières et la grande mode du mobilier en palette, il devrait être possible d'en récupérer quelques-unes avec un peu de patience et d'organisation.

VOS COMMERCES PRÉFÉRÉS

C'est une des options simples pour récupérer des palettes : demander aux employé·es des commerces que vous fréquentez s'il leur arrive de jeter des palettes. Si c'est le cas, renseignez-vous sur les jours d'arrivage et passez en fin de journée pour voir s'ils ont des palettes perdues. Le roulement des palettes étant bien organisé dans ce type de structure, il y a peu de chance que vous puissiez y récupérer des palettes Europe.

LES ENTREPRISES DU COIN

Les PME de votre ville sont elles aussi très souvent amenées à recevoir des palettes. Vous aurez un peu plus de chance d'y trouver des palettes Europe car les flux y sont moins réguliers que dans les commerces.

LES CHANTIERS DE CONSTRUCTION

On voit très souvent des palettes traîner sur les chantiers. À moins qu'elles ne soient stockées à l'extérieur de l'enceinte du chantier, évitez d'aller vous servir sans demander si les palettes sont disponibles. Elles leur seront peut-être encore utiles !

LES SITES DE PETITES ANNONCES ET DE GROUPES DE DONS

Il existe de nombreuses annonces sur Leboncoin qui proposent des palettes gratuites ou à petit prix. Pensez à enregistrer une alerte pour être notifié·e des nouvelles offres dans votre zone géographique si vous ne trouvez rien dans un premier temps. Les groupes et les applis de don peuvent aussi être de bons lieux de recherche.

LES MAGASINS DE BRICOLAGE

En dernier recours, vous pourrez peut-être trouver des palettes neuves en vente dans votre magasin de bricolage. Attention, vous risquez de payer le prix fort car vous devrez compter le coût d'une palette neuve auquel s'ajoutera la marge du magasin.

LES PALETTES SONT-ELLES TOXIQUES ?

La réponse est plutôt non, mais il faut toutefois faire attention à certains points.

COMMENÇONS AVEC UN PEU DE CONTEXTE

Pour éviter la propagation de maladies et d'insectes qui pourraient affecter de façon négative les plantes ou les écosystèmes, la norme NIMP 15 impose que les palettes utilisées pour les échanges internationaux soient traitées.Ce traitement peut être thermique (30 min à 56 °C) mais il peut dans de rares cas être effectué via l'utilisation de pesticides comme le bromure de méthyle, un composant chimique fongicide hautement toxique.

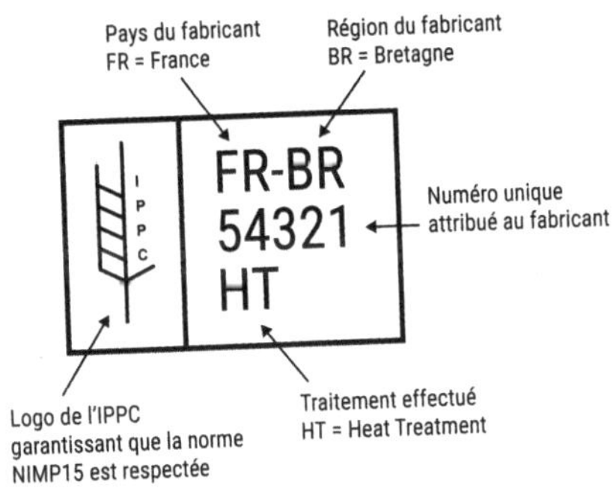

LA PREMIÈRE BONNE NOUVELLE

Le type de traitement doit obligatoirement être indiqué sur la palette avec le marquage IPPC (International Plant Protection Convention). Ainsi, le marquage HT sur la palette indique qu'elle a subi un traitement thermique (heat treatment) et le marquage MB qu'elle a été traitée au bromure de méthyle.

LA SECONDE BONNE NOUVELLE

Depuis 2010, seul le traitement thermique est autorisé au sein de l'Union européenne. 15 ans plus tard, il est donc peu probable (mais pas impossible) de tomber sur des palettes ayant subi un traitement toxique. Dans le doute, il convient de toujours vérifier que le marquage est bien HT. Si ce n'est pas le cas, il ne faut pas utiliser et encore moins brûler cette palette.

ET QUAND IL N'Y A PAS DE MARQUAGE ?

Cela veut dire que vous êtes face à une palette qui n'est pas destinée à l'exportation. Elle doit rester sur le territoire national et n'aura donc subi aucun traitement. Vous pouvez utiliser ces palettes sans souci.

DERNIER POINT À PRENDRE EN COMPTE

Les palettes ont eu une vie dont nous ne savons rien avant d'arriver dans nos mains. Par principe de précaution, je vous conseille donc d'éviter toutes les palettes ayant été peintes ou sur lesquelles des produits inconnus auraient été versés.

LES GRUMES

J'adore l'idée d'avoir de vrais troncs d'arbres dans mon appartement ! Un petit morceau de nature brute, dont les chats ne se lassent pas. Mais comment faire pour éviter d'utiliser du bois malade ou infesté par des insectes xylophages (qui mangent le bois) ? Quelle essence choisir ? Et surtout, où les trouver ? Voici la FAQ qui répondra à toutes vos questions.

C'EST QUOI LES GRUMES ?

Ce terme, utilisé dans l'industrie du bois, désigne tout simplement les troncs d'arbres bruts de sciage sur lesquels on a enlevé les branches. C'est la première étape avant la transformation du bois pour son usage final : chauffage, charpente, ameublement... Ce format n'ayant pas d'usage commun, la meilleure solution pour se le procurer est d'aller le chercher à la source !

OÙ TROUVER DES GRUMES ?

L'ENTRETIEN DES ESPACES VERTS DE VOTRE COMMUNE

Il arrive très régulièrement que les services s'occupant des espaces verts dans votre commune coupent des arbres. Les troncs sont alors en général transformés en broyat qui finit étendu au pied des plantations. Si vous les voyez entrer en action, sautez sur l'occasion et demandez-leur s'ils ont des abattages en prévision.

LES JARDINS DU VOISINAGE

Dans la vie d'un jardin, il est parfois nécessaire de supprimer un arbre qui commence à prendre trop d'importance ou qui pousse au mauvais endroit. Que la coupe soit effectuée par une entreprise spécialisée ou pas, l'arbre finira probablement en bois pour le feu, en broyat ou sera tout simplement emmené en déchetterie. Faites passer le mot pour qu'on pense à vous quand on aura besoin de se débarrasser d'un arbre !

LES PETITES ANNONCES ET LES SITES DE DONS

Leboncoin est encore une fois une bonne option. Les grumes peuvent être proposées par des particulier·ères ayant abattu des arbres et cherchant à en tirer un bénéfice ou à s'en débarrasser gratuitement. Vous risquez aussi de tomber sur des profils professionnels qui ne vous proposeront pas moins d'un camion complet… Des grumes de 3 à 4 m seront parfois à débiter sur place. Vous pouvez dans ce cas les couper à la scie égoïne, louer une tronçonneuse ou négocier 1 ou 2 coupes si les bûcheron·nes sont disponibles.

Attention si vous récupérez vos grumes auprès de professionnel·les, je vous recommande de vous renseigner pour savoir si le bois n'a pas reçu de traitement insecticide.

LE BOIS EN FORÊT ?

En France, le code forestier est très clair sur ce sujet : il est strictement interdit de ramasser ou de couper du bois dans une forêt publique sous peine d'amende et de confiscation du matériel ayant servi au prélèvement. Dans les forêts privées qui représentent environ les ¾ des surfaces françaises, le bois est la propriété de celui ou celle qui possède la parcelle. Il est donc tout autant interdit de le prélever !

FAUT-IL FAIRE SÉCHER LE BOIS ?

Une fois coupé, le bois va mettre 1 à 3 ans (en fonction de son essence et des conditions de séchage) pour atteindre un taux d'humidité proche des 20 % que l'on considère comme son état sec.

En séchant, le bois va perdre une partie de son volume et parfois se déformer ou même fendre à ses extrémités. Pour éviter les mauvaises surprises, je vous conseille donc de laisser sécher vos grumes en intérieur pendant quelques mois au minimum (1 an si possible) avant de commencer à les travailler. Ce délai pourra aussi vous être utile pour contrôler que le bois est sain.

Si vous décidez de travailler sur du bois fraîchement coupé, sachez que le bois se rétractera de quelques pourcents, principalement au niveau de la largeur du tronc.

LE BOIS RISQUE-T-IL DE POURRIR ?

C'est une question que l'on m'a souvent posée sur les réseaux sociaux. La réponse est non. Un bois sain stocké dans un milieu sec sera naturellement protégé et pourra rester intact pendant des centaines d'années !

En revanche, si le bois n'est pas stocké à l'abri des intempéries, sa durée de vie dépendra de son essence et de l'entretien qui lui sera apporté. Certaines espèces comme le robinier, le teck, le pin ou le chêne sont naturellement imputrescibles et pourront perdurer pendant plusieurs dizaines d'années en extérieur.

FAUT-IL TRAITER LES GRUMES ?

Cette question est aussi très souvent revenue dans les commentaires de mes vidéos. Ma réponse est non. Hors de question pour moi de polluer mon air intérieur et d'exposer les membres de mon foyer (humains et animaux) à des produits dangereux !

Pour éviter d'introduire du bois malade ou infesté par des insectes xylophages dans votre intérieur, je vous conseille donc de suivre la procédure suivante :

1/ Se renseigner sur la cause de l'abattage de l'arbre.

2/ Choisir du bois n'ayant pas séjourné longtemps en extérieur et n'ayant pas été stocké à même le sol.

3/ Sélectionner une essence imputrescible, moins vulnérable aux insectes et aux maladies : chêne, châtaignier, mélèze, robinier…

4/ Effectuer une inspection visuelle du tronc pour rechercher les indices d'une éventuelle présence indésirable (trous, galeries, tas de sciure sur le sol, morceaux qui se décomposent, champignons...).

5/ Tester la résistance du bois avec une pointe (si elle s'enfonce très facilement, le bois est infesté).

Si vous le pouvez, l'idéal est de faire sécher le bois pendant 1 an et d'effectuer une nouvelle inspection visuelle avant de l'introduire dans votre intérieur. Si vous ne pouvez pas attendre, je vous conseille d'effectuer un contrôle régulier pendant la première année pour vérifier les points 4 et 5.

Dans le cas où vous souhaitez tout de même effectuer un traitement de votre bois, je vous recommande fortement de vous orienter vers des formules 100 % naturelles à base d'huiles essentielles.

QUELLE ESSENCE CHOISIR ?

Tous les arbres peuvent convenir pour la réalisation d'un arbre à chat pour l'intérieur. Si vous avez le choix, sachez que les différences majeures se feront sur les points suivants :

LE POIDS

La densité d'un chêne sera par exemple presque 2 fois supérieure à celle d'un peuplier. Le poids d'un tronc de même volume pourra donc varier du simple au double selon l'essence. Pour un arbre indestructible et solidement ancré, choisissez un bois dense comme le chêne ou le châtaignier.

LA TENDRESSE

Toujours en raison de leur densité, tous les bois ne seront pas aussi faciles à travailler. Je vous rassure, à l'exception de certaines espèces exotiques très dures, vous n'aurez pas de difficulté majeure à couper et entailler le bois (vous sentirez cependant la différence quand vous devrez couper les troncs à la scie égoïne).

LA RÉSISTANCE AUX AGRESSIONS

Si vous le pouvez, sélectionnez une essence imputrescible, moins vulnérable aux insectes et aux maladies : chêne, châtaignier, mélèze, robinier. Le conseil est d'autant plus valable en cas d'usage extérieur.

L'ESTHÉTIQUE

C'est peut-être là le point qui vous fera trancher ? Chaque essence a ses propres caractéristiques : couleur, motifs et structure de l'écorce, structure des branches…

LE CARTON

Avec l'essor de la vente en ligne, la quantité de carton que nous consommons chaque année dans le monde a explosé ! Mais savez-vous que le carton a aussi d'autres applications dans le domaine de l'ameublement ou de la construction ? Bien conçue, une structure en carton peut en effet être très résistante et même supporter plusieurs centaines de kilos.

Plus vertueux que le plastique, à la fois léger et résistant, très facile à découper, plier ou coller, j'aime beaucoup utiliser le carton dans mes projets DIY. Son dernier atout ? Vous n'aurez sans doute pas de mal à vous en procurer gratuitement ou à petit prix.

(Je ne vous parle pas de son tout dernier atout : les chats l'adorent.)

LE CARTON ONDULÉ

C'est le carton qui est utilisé pour emballer toutes nos commandes e-commerce, les meubles en kit et la plupart des produits manufacturés nécessitant un emballage.

Ce type de carton est constitué d'une ou plusieurs feuilles de papier cannelé (ondulé), collées entre plusieurs feuilles de papier. En fonction du nombre de couches de feuilles cannelées, on parle de simple, double ou triple cannelure.

COMMENT SE LE PROCURER ?

Vous n'aurez sans doute pas de mal à récupérer d'assez grandes quantités de carton en faisant le tour des entreprises et des commerces de votre quartier. Et si vous avez besoin de récupérer de très grands cartons, la meilleure solution est sans doute de demander à votre entourage de vous prévenir lorsqu'ils achètent des meubles en kit. Leurs emballages peuvent parfois dépasser les 2 m, pour une grande étagère par exemple.

LE CARTON ALVÉOLAIRE (OU NID D'ABEILLE)

Ce type de carton est très résistant à l'écrasement et peut supporter plusieurs dizaines de tonnes par m² ! Il est souvent utilisé comme intercalaire pour protéger différents étages de produits sur une palette. Sa robustesse en fait un matériau de choix pour la fabrication de présentoirs ou de meubles dans le secteur du commerce.

Ces usages spécifiques le rendent assez difficile à trouver en mode récup'. Vous pouvez l'acheter en ligne sur des sites spécialisés mais avec un format standard de 1000 × 1200 mm, son colisage est généralement de minimum 10 ou 20 pièces. Pas terrible quand on a généralement besoin de seulement 1 ou 2 plaques (pour la cabane à chat par exemple).

Votre meilleure option pour vous procurer du carton alvéolaire gratuitement est sans doute d'aller voir les commerces de votre quartier et de leur demander s'ils en reçoivent sur les palettes de certains de leurs produits.

Si ça ne fonctionne pas, vous pouvez vous tourner vers les magasins de beaux-arts qui proposent généralement des plaques de format 50 × 70 cm ou, encore mieux mais plus rare, 70 × 100 cm.

LE CARTON GRIS

On trouve ce type de carton dans un grand nombre d'emballages et de produits de papeterie mais il est en général caché, recouvert d'un papier de couverture ou imprimé. Souvent recyclé, son grammage peut varier de 300 g/m² à plus de 2000 g/m². Les grammages les plus élevés permettent d'obtenir un carton très rigide et épais de plusieurs millimètres.

Pour le trouver, découpez votre boîte de céréales ou rendez-vous dans votre magasin de beaux-arts préféré.

LE SENS DES FIBRES

Savez-vous que le papier et le carton ont un sens ? En effet, lors de leur fabrication, la pâte à papier qui les compose parcourt un long chemin à travers la machine à papier. Durant ce trajet effectué à grande vitesse, la fibre de cellulose s'oriente dans le sens de déplacement de la matière dans la machine.

Même si cela ne se voit généralement pas à l'œil nu, le sens des fibres a un impact sur la souplesse et sur la capacité du carton à se plier sans casser. À moins de connaître le format d'origine du carton, le meilleur moyen de trouver son sens est d'effectuer un test de pliage.

Un carton pris dans le bon sens formera une pliure régulière alors qu'un carton pris dans le mauvais sens se cassera sans vouloir suivre la ligne que vous essayez de lui imposer.

LE NŒUD DE TISSERAND

L'objectif de ce nœud, aussi appelé nœud d'écoute, est simple : faire la jonction entre 2 cordages. Cela nous sera utile pour notre carnet de bricolage en page 115 et notre griffoir en page 129.

Les avantages du nœud de tisserand :

- C'est le nœud de jonction qui occupe le moins de volume.
- Il ne glisse pas quand il est en tension.
- On peut le faire coulisser pour ajuster sa jonction.
- Il permet de relier 2 cordes ayant un diamètre différent.

1/ Faire une ganse avec la première corde (bleue) et y faire passer la seconde corde (rouge) par le dessous.

2/ Faire le tour de la ganse.

3/ Passer la seconde corde (rouge) sous elle-même.

4/ Pour faire coulisser le nœud, saisir la seconde corde au niveau où elle se croise et déplacer la ganse.

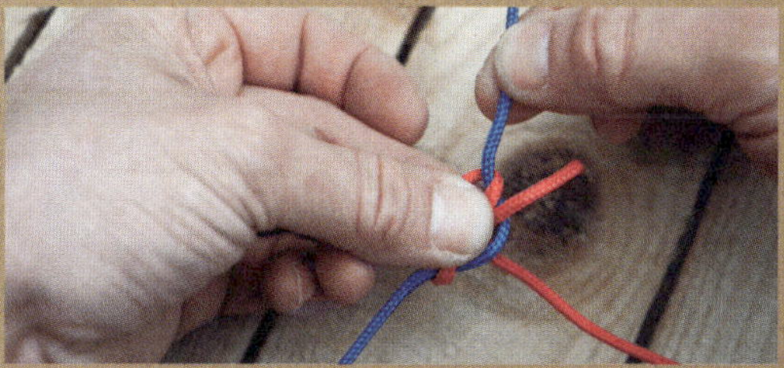

5/ Serrer le nœud en prenant les 2 fils de chaque corde entre vos doigts et tirer.

6/ Couper les morceaux de corde qui dépassent en laissant un peu de marge au cas où le nœud glisse.

COLLE À
L'AMIDON

LA COLLE 100 % NATURELLE À L'AMIDON DE BLÉ

En plus de coûter cher, les colles industrielles que l'on trouve en magasin de bricolage sont très souvent polluantes pour l'air intérieur (les fameux COV, composés organiques volatils), la faune et la flore. La bonne nouvelle, c'est qu'il existe une alternative ancestrale qui est très facile à réaliser à la maison avec des ingrédients que vous avez forcément dans vos placards.

jon4s.com/colle

INGRÉDIENTS

Pour environ 300 g de colle :

- ☐ 1 verre de farine de blé (60 g)
- ☐ 2 verres d'eau (240 ml)
- ☐ 1 cuillère à café de vinaigre (en option pour améliorer la conservation)

MATÉRIEL

- ☐ Une casserole
- ☐ Une cuillère en bois ou un fouet

PROPRIÉTÉS ET USAGES DE LA COLLE

- Colle le papier, le carton et les petits ouvrages en bois
- Temps de séchage de 12 à 48 h en fonction de la qualité de colle utilisée et des conditions de séchage (température, taux d'humidité)
- Conservation pendant 5 jours au réfrigérateur et jusqu'à 15 jours si vous avez ajouté le vinaigre

LES AVANTAGES DE CETTE COLLE

- Elle ne coûte presque rien.
- Elle est 100 % naturelle. Elle est parfaite pour faire des ateliers avec les enfants ou pour fabriquer des objets à destination des animaux. On peut même la manger !
- Elle fonctionne avec le papier, le carton et même le bois (à réserver pour de petits travaux tout de même). Le test d'arrachage après 24 h de séchage est sans appel : cette colle est très efficace !

LA PRÉPARATION

1/ Mélanger 1 verre de farine pour
2 verres d'eau dans une casserole.

2/ Faire chauffer à feu moyen en mélangeant jusqu'à ce que la préparation épaississe (environ 5 min).
La consistance doit rester fluide comme une béchamel.

3/ Transférer dans un bocal que vous pourrez fermer hermétiquement.

4/ Laisser refroidir… et la colle est prête à être utilisée !

La béchamel vegan (rapide et inratable !)

Cette colle est comestible et c'est un de ses gros avantages ! Mais saviez-vous que sa recette est aussi très proche de celle de la sauce béchamel végétale ? Pour passer de l'atelier bricolage à la cuisine, il vous suffit d'ajouter 60 g de matière grasse végétale (huile d'olive ou margarine par exemple), 1 pincée de sel et de la muscade si vous le souhaitez. Vous pouvez aussi remplacer l'eau par une boisson végétale.

DÉMONTER UNE PALETTE

Démonter une palette sans tout casser, c'est tout un art ! D'abord, rendez-vous en page 20 pour en apprendre plus sur les palettes. Dans ce tuto, je vous donne toutes mes astuces pour y arriver en faisant le minimum de dégâts possible. Et s'il y a de la casse, pas de panique, cela se produit très souvent. Certaines palettes seront même parfois déjà abîmées quand elles arriveront entre vos mains. Dans ce cas, il vous suffira d'aller en page 43 pour suivre le tuto réparer du bois.

MATÉRIEL :

- ☐ Un pied-de-biche
- ☐ Une massette

À SAVOIR

1. Toutes les palettes ne sont pas aussi faciles à démonter les unes que les autres. Les palettes Europe, par exemple, sont conçues pour supporter jusqu'à 1,5 tonne de marchandises et pour être réutilisées de nombreuses fois. Elles sont donc un peu plus dures à démonter que la plupart des palettes perdues. Rien d'impossible toutefois, je vous rassure.

2. Il y a des « pièges » sur certaines palettes. Par exemple, il arrive parfois que les clous aient été utilisés puis repliés sur le bois. Attention, petite galère en perspective si vous avez besoin de démonter le plancher : il faudra déplier les clous un par un pour éviter de tout casser.

LES ÉTAPES

1/ Commencer par inspecter attentivement la palette et par vérifier les points suivants :
Y a-t-il des clous qui dépassent ? Certains clous sont-ils repliés sur le bois (voir « à savoir » page précédente) ? La palette est-elle fendue ou fragilisée ?

1

1

2/ Mettre la palette sur le dos et utiliser le pied-de-biche pour démonter les 3 semelles. Commencer par insérer le pied-de-biche au niveau du premier dé en tapant dessus à l'aide de la massette. Si le dé résiste, ne pas insister dans un premier temps et passer au dé suivant. Naviguer de dé en dé et progresser petit à petit jusqu'à ce que la semelle se détache.

2

2

2

2

2
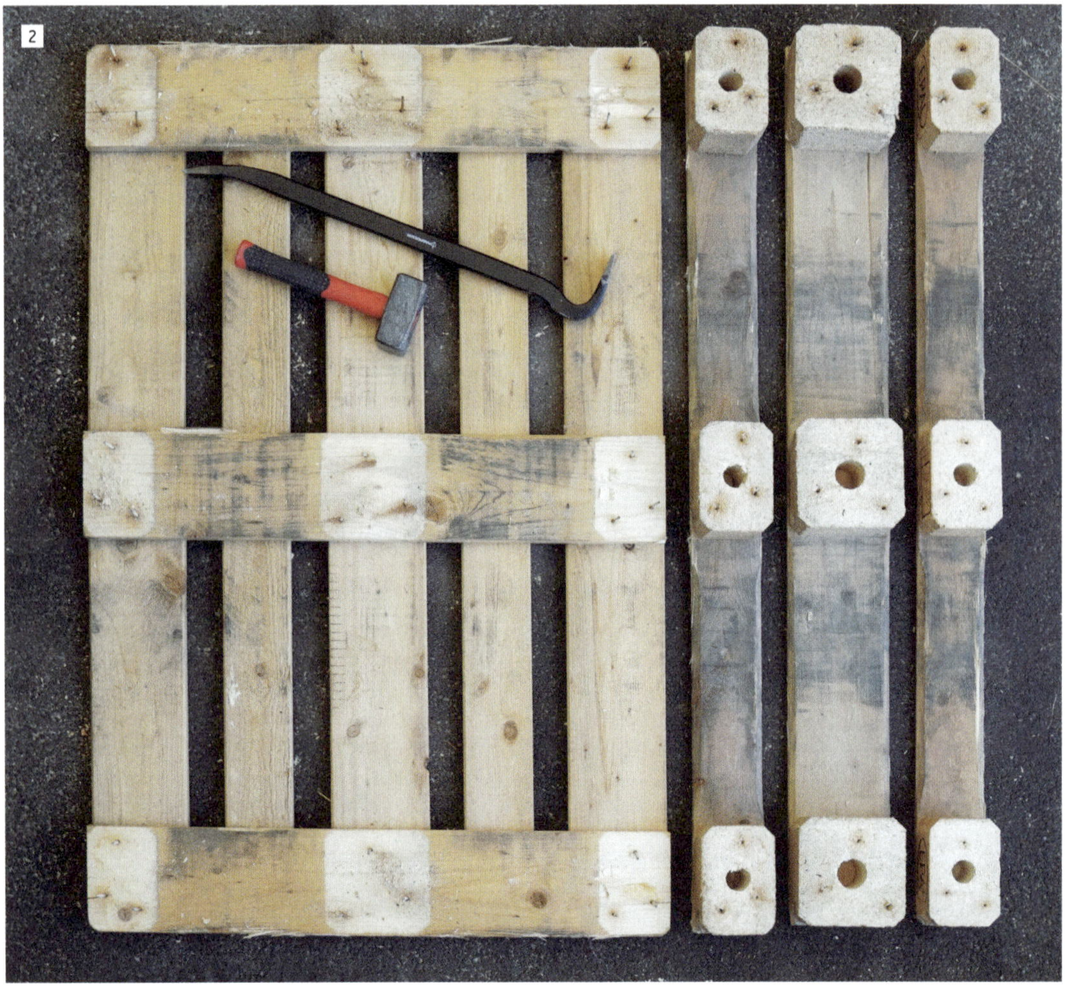
2

3/ Utiliser les semelles que vous venez de démonter pour surélever le plancher puis taper sur les clous à l'aide du marteau pour les faire ressortir de l'autre côté.

4/ Retourner le plancher et extraire les clous à l'aide du pied-de-biche. Astuce pour éviter d'abîmer le bois de votre palette : insérer une petite planche de bois entre le pied-de-biche et la palette.

Prenez garde aux clous qui dépassent, ils sont dangereux pour vous, mais aussi pour toutes les personnes qui pourraient passer par là (faites particulièrement attention aux enfants et aux animaux !)

Penser à mettre les clous de côté. Ils sont souvent de bonne qualité et pourront servir par la suite, moyennant un petit redressement.

5/ Retourner de nouveau le plancher et taper doucement sur les planches restantes pour les détacher des traverses.

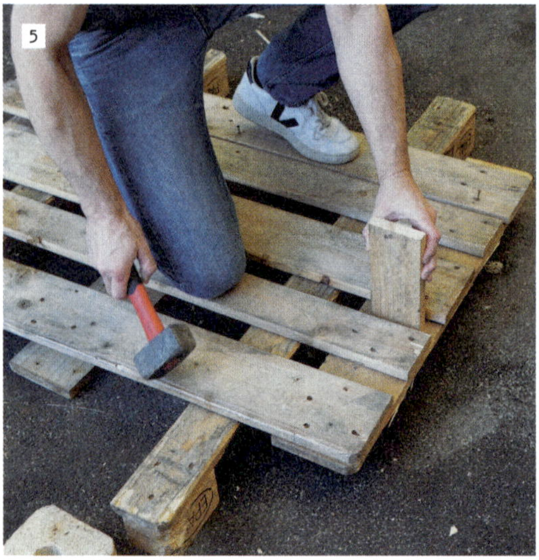

6/ Enlever les clous sur chacune des lames du plancher comme à l'étape 3.

7/ Mettre les 3 semelles que vous aviez détachées à l'étape 1 sur le dos. Maintenir la planche avec votre pied en utilisant bien le poids de votre corps et, à l'aide du pied-de-biche et de la massette, détacher les 3 dés présents sur chacune des semelles.

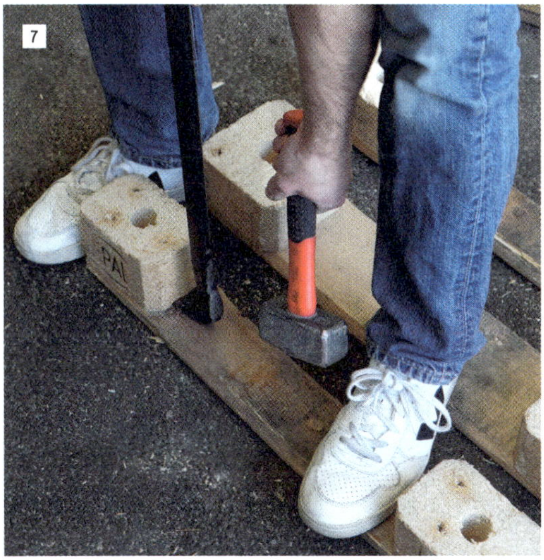

8/ Il ne vous reste plus qu'à enlever les clous comme précédemment en utilisant les dés pour surélever les planches.

9/ Et voilà :)

RÉPARER DU BOIS

Le bois est une matière fantastique. Vivante, chaleureuse, écologique, durable, résistante. Mais le bois est aussi une matière relativement fragile qui peut, comme la plupart des matériaux, se casser quand on la pousse dans ses retranchements. Par exemple, quand on démonte une palette. La bonne nouvelle, c'est que le bois est en général facilement réparable !

Alors même s'il est parfois tentant de choisir la solution de facilité en se débarrassant des pièces cassées, j'essaye de garder à l'esprit que nos ressources sont limitées et qu'il est important de ne pas les gaspiller. Bon, et parfois, on n'a pas le choix ; il faut absolument réparer une pièce si on veut pouvoir terminer notre projet !

CONSOMMABLES

Pour la base :

- ☐ De la colle à bois
- ☐ De la pâte à bois
- ☐ Du papier de verre

Pour réparer le bois, nous avons donc à notre disposition 3 techniques pouvant être utilisées indépendamment ou conjointement :

- Le collage
- Le rebouchage
- Le ponçage

MATÉRIEL

- ☐ Des serre joints
- ☐ Une ponceuse

ATTENTION AUX COV !

Vous ne connaissez pas les composés organiques volatils ? Vous en avez sans doute indirectement entendu parler si vous avez déjà regardé à l'arrière d'un pot de peinture, d'un tube de colle ou de la plupart des matériaux dans un magasin de bricolage.

Les COV sont des polluants relâchés dans l'air par les produits concernés pendant leur utilisation mais aussi pendant toute ou une partie de leur durée de vie.

Je vous recommande fortement de privilégier les produits estampillés A+ (très faibles émissions) lorsque vous choisissez votre colle et votre pâte à bois.

COMMENT CHOISIR SA COLLE À BOIS ?

Il existe divers types de colle correspondant à différents usages. Si vous avez juste besoin de coller du bois sur du bois (comme c'est le cas dans ce tuto), utilisez simplement une colle blanche vinylique. Peu polluante (pensez bien à regarder sa note d'émissions dans l'air intérieur et à vérifier qu'elle ne contient pas de solvants), facile à utiliser et à conserver, elle est parfaite pour la plupart de nos projets.

Parmi les colles blanches vinyliques, vous devrez donc effectuer votre choix entre:

- La colle à prise* rapide, qui vous permettra de très vite vous remettre au travail, avec une prise en quelques minutes et un séchage complet en 2 h.
- La colle à prise* progressive, plus adaptée quand vous devez réaliser un assemblage complexe qui nécessitera plus de temps à mettre en place. Son temps de prise est de plusieurs heures et son séchage est généralement complet en 24 h.
- La colle pour milieu humide, recommandée quand vous travaillez sur des projets destinés à l'extérieur.

Tous ces accidents sont réparables :)

*Le temps de prise est le temps pendant lequel les pièces à coller doivent être maintenues sous pression.

LES ÉTAPES

Astuce : pensez à nettoyer le surplus de colle avec une éponge et de l'eau chaude avant qu'elle ne commence à prendre. Cela vous évitera des travaux de ponçage inutiles.

1/ Généreusement appliquer la colle sur la zone à recoller. Si besoin, vous pouvez utiliser une lame de cutter ou une petite pièce de bois pour insérer de la colle dans les zones difficiles à atteindre.

2/ Utiliser un serre-joint pour joindre les 2 pièces à recoller.

3/ Si la cassure n'est pas plane (ce qui arrive le plus souvent), il est probable que vos 2 pièces de bois glissent et que vous peiniez à correctement les ajuster. Il est dans ce cas recommandé d'utiliser d'autres serre-joints pour contraindre les différents éléments dans leur position correcte.

Si besoin, vous pouvez utiliser des cales de bois pour appliquer la force de vos serre-joints sur toute la largeur des pièces à réparer. Prenez garde dans ce cas à l'excès de colle qui risque de souder aussi vos cales (les colles à bois du commerce sont très efficaces). Il vous faudra dans ce cas faire sauter la pièce collée par erreur au marteau en essayant de ne pas tout re-casser !

Astuce : Pensez à nettoyer le surplus de colle avec une éponge et de l'eau chaude avant qu'elle ne commence à prendre. Cela vous évitera des travaux de ponçage inutiles.

4/ Une fois le temps de séchage complet écoulé (en général de 2 à 24 h en fonction de la colle utilisée), vous pouvez détacher vos serre-joints.

5/ Il ne vous reste plus qu'à utiliser votre ponceuse ou du papier de verre pour faire disparaître les surplus de colle et gommer les petits décalages qui pourraient subsister.

6/ Si certaines parties de bois sont manquantes comme sur cette planche de palette, si votre bois est percé, ou encore profondément éraflé, il vous reste l'option du rebouchage.

Pour cela, il vous suffit d'appliquer la pâte à bois dans la zone à combler sans hésiter à laisser un léger surplus.

7/ Une fois le temps de séchage écoulé, il vous suffit de poncer le bois pour obtenir un bois presque neuf que vous pourrez peindre ou laisser tel quel (surtout s'il s'agit de bois de palette dont les défauts et irrégularités font aussi le charme).

À savoir : il existe plusieurs teintes de pâte à bois : pin, chêne, bois exotique… Cela vous permet d'avoir un résultat brut qui peut être très discret si vous le souhaitez.

CRÉER DES PANNEAUX DE BOIS MASSIF CONTREPLAQUÉ

Vous l'avez sans doute noté si vous avez déjà acheté du bois massif d'une épaisseur supérieure à 2 cm. Le prix monte très vite ! Vous avez peut-être aussi remarqué que les panneaux de pin en lamellé-collé sont en général très accessibles en magasin de bricolage.

Dans ce tuto, nous allons donc apprendre à recomposer une planche de bois massif contreplaquée à partir de plusieurs planches à petit prix. C'est très utile quand on a besoin de poids et de solidité, pour une table ou pour le socle d'un arbre à chat par exemple.

MATÉRIEL

- ☐ 2 ou 3 planches de pin du format de votre choix

  Un panneau de format 60 × 200 × 1,8 cm coupé en 2 vous permettra par exemple de fabriquer une solide base pour arbre à chat de format 60 × 100 × 3,6 cm
- ☐ De la colle blanche vinylique A+

OUTILS

- ☐ Des serre-joints (minimum 6 pour une planche de 60 × 200 cm)
- ☐ Un pinceau large, un rouleau à peinture ou une grande spatule

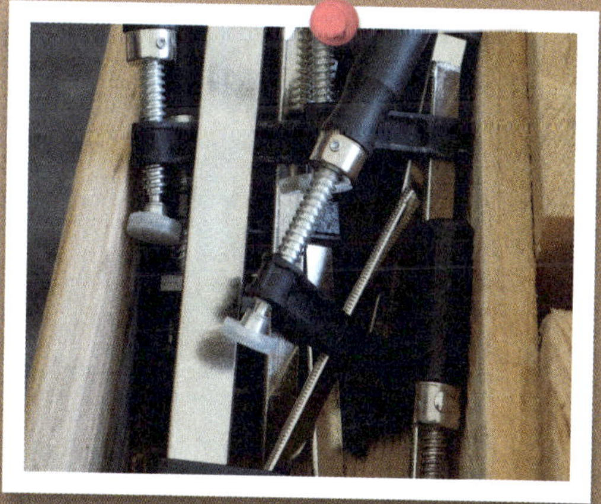

À SAVOIR

Le nombre de planches utilisées pour un contreplaqué est appelé le nombre de plis. Par exemple, un assemblage de 3 épaisseurs est appelé contreplaqué 3 plis.

LES ÉTAPES

1/ Inspecter attentivement les planches pour repérer les déformations, les trous qui ont parfois été bouchés de manière peu esthétique ou encore les parties du bois abîmées ou fendues (ce dernier cas arrive souvent sur le lamellé-collé premier prix).

Les différents défauts que vous aurez repérés vous permettront de choisir dans quel sens utiliser chaque planche, l'idée étant de garder les plus belles faces visibles sur le dessus et le dessous de notre planche finale.

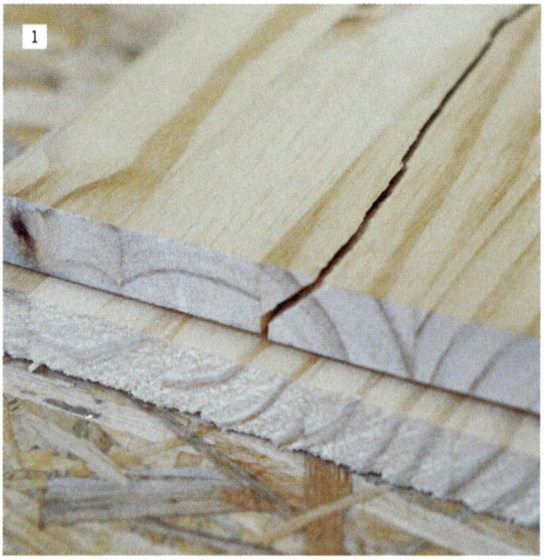

2/ Nettoyer les planches pour éliminer toutes les poussières et les petits fragments de bois qui pourraient empêcher les planches de correctement s'assembler.

3/ Couvrir l'intégralité de la première planche d'une fine couche de colle. La couche ne doit pas être trop épaisse mais il est important que toute la surface soit bien couverte, en particulier les bords et les coins de la planche.

3

3

3

4/ Positionner la deuxième planche sur la première et répéter les étapes précédentes si vous avez prévu plus de 2 épaisseurs de bois.

Si le format de vos planches et l'esthétique de votre projet le permettent, il est possible d'alterner le sens du bois. Même si elle n'est pas obligatoire, cette technique, similaire à celle utilisée pour la fabrication du contreplaqué industriel, permet d'obtenir des assemblages très résistants et très stables au niveau dimensionnel.

4

4

5/ Utiliser tous les serre-joints que vous avez à disposition pour solidement maintenir votre assemblage de planches. Faites particulièrement attention aux petits interstices qui pourraient exister entre vos planches.

L'utilisation de cales vous permettra d'agrandir la zone de serrage et protégera le bois des marques laissées par les serre-joints.

Si vous ne disposez pas d'assez de serre-joints, vous pouvez mettre du poids sur votre assemblage afin de vous assurer que les planches soient bien jointes.

6/ Nettoyer l'excès de colle.

7/ Une fois le temps de séchage de la colle que vous avez choisie écoulé, il ne vous reste plus qu'à décider de la finition que vous souhaitez donner aux arêtes de votre planche : arrondies, carrées ou encore naturelles comme une planche brute à la sortie de la scierie.

Pour mes arbres à chat, j'aime en général créer un arrondi assez naturel. J'utilise pour cela ma scie sauteuse (maximum sur un contreplaqué 2 plis d'épaisseur 3,6 cm) en donnant une inclinaison à la lame et je finalise l'arrondi à la râpe puis à la ponceuse.

FABRIQUER DE LA PEINTURE NATURELLE

Pendant longtemps, j'évitais de peindre mes créations car je ne voulais pas utiliser de peintures industrielles, polluantes pour l'air intérieur et pour l'environnement. Alors quand une abonnée m'a parlé de la peinture à la suédoise, j'ai enfin eu l'espoir de remettre de la couleur sur mes créations !

Aussi connue sous le nom de peinture à la farine ou peinture à l'ocre, cette préparation est utilisée depuis des siècles dans les pays scandinaves pour peindre les maisons en bois. Sa fabrication est très simple, ne nécessite pas de matériel spécifique et offre un beau rendu mat.

Pour donner de la couleur à notre peinture, on utilise des pigments à base d'ocre et minéraux déjà exploités par les femmes et les hommes il y a presque 300 000 ans ! Et quand on veut l'utiliser en extérieur il suffit d'ajouter du sulfate de fer à notre préparation.

INGRÉDIENTS

Pour 5 kg de peinture (15 m²) :

- ☐ 1 kg de pigment
- ☐ 260 g de farine
- ☐ 500 ml d'huile de lin
- ☐ 400 ml de savon noir
- ☐ 3,2 l d'eau

Pour l'extérieur :

- ☐ 100 g de sulfate de fer en poudre

Pour 1 kg de peinture (3 m²) :

- ☐ 200 g de pigment
- ☐ 50 g de farine
- ☐ 100 ml d'huile de lin
- ☐ 80 ml de savon noir
- ☐ 650 ml d'eau

Pour l'extérieur :

- ☐ 20 g de sulfate de fer en poudre

LES AVANTAGES DE CETTE PEINTURE

- Elle est non polluante.
- Elle est nettoyable à l'eau (je ne sais pas pour vous, mais le nettoyage des pinceaux est l'étape que j'aime le moins quand je fais de la peinture).
- Elle ne coûte pas cher.
- Elle dure de 5 à 10 ans en extérieur.

MATÉRIEL

- ☐ Une grande casserole (ou une marmite si vous souhaitez réaliser 5 kg de peinture)
- ☐ Une gazinière, un réchaud ou des plaques électriques
- ☐ Une balance de cuisine
- ☐ Un fouet
- ☐ Une cuillère à soupe
- ☐ Des pots pour conserver la peinture (en fonction de la quantité préparée)

OÙ TROUVER LES PIGMENTS ?

jon4s.com/peinture

Vous pouvez trouver des pigments dans certains magasins de bricolage ou de loisirs créatifs, mais je vous recommande d'utiliser des pigments naturels fabriqués en France que vous pouvez commander directement chez leur producteur. Cela permet de soutenir l'économie locale et de faire perdurer des savoir-faire ancestraux dans nos régions !

OÙ TROUVER LE SULFATE DE FER ?

Les magasins de bricolage et les jardineries proposent du sulfate de fer pour l'entretien de la pelouse, mais souvent en grand volume (plusieurs kg) et parfois sous forme liquide. Vous pouvez en revanche trouver des quantités adaptées à la fabrication de peinture chez les fournisseuses de pigments.

LES KITS COMPLETS « PEINTURE SUÉDOISE »

Vous pouvez aussi trouver des kits complets incluant tous les ingrédients nécessaires pour votre première préparation. Simple et sans risque d'erreur.

Saviez-vous que l'ocre n'est pas seulement une couleur mais aussi une matière à part entière ? Cette roche ferrique composée d'argile blanche et d'oxyde de fer était encore très utilisée jusqu'à la fin des années 40 dans de nombreux domaines. C'est avec l'arrivée des pigments de synthèse et des produits dérivés du pétrole qui remplacent l'ocre dans la fabrication du caoutchouc que cette industrie a amorcé son déclin. Aujourd'hui, il ne reste plus qu'une carrière en Europe, exploitée par la Société des Ocres de France, qui produit des ocres et pigments depuis plus de 120 ans dans le Luberon ! Pour récupérer l'ocre pure, de nombreuses étapes sont nécessaires et se font au rythme des saisons : extraction du minerai, lavage, décantation, séchage, broyage, et éventuellement calcination afin obtenir d'autres teintes que le jaune orangé.

LA PRÉPARATION

1/ Protéger votre espace de travail à l'aide de papier ou d'une nappe imperméable - cela coulera sans doute de source pour beaucoup mais, dans l'enthousiasme de la création, il m'arrive parfois de me lancer sans protéger mon environnement de travail et de vite le regretter.

2/ Mélanger la farine avec un peu d'eau directement dans votre casserole avec un fouet pour éviter les grumeaux puis ajouter le reste de l'eau.

3/ Faire cuire à feu moyen en mélangeant pendant 15 min. La préparation doit épaissir petit à petit comme une béchamel ou comme notre colle naturelle (recette en page 33).

4/ Ajouter le pigment correspondant à la couleur souhaitée et mélanger. Je fais ici une préparation de noir car je souhaite peindre ma mangeoire à oiseau (tuto en page 185) avec des couleurs sobres.

5/ Si la peinture est destinée à l'extérieur, ajouter le sulfate de fer. C'est l'ingrédient qui permet à votre peinture de résister à l'humidité grâce à ses propriétés antifongiques.

Attention, bien que non toxique (il peut être présent à très petite dose dans certains compléments alimentaires), c'est aussi le seul ingrédient qui nécessite de prendre des précautions. Il est en effet recommandé d'utiliser des gants et des lunettes de protection lors de sa manipulation et de ne pas le laisser à portée des enfants.

6/ Faire cuire en continuant de mélanger pendant 15 min.

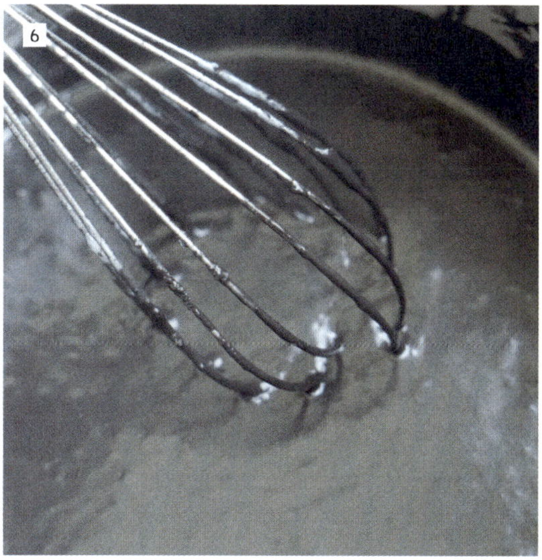

7/ Ajouter l'huile de lin et continuer à cuire en mélangeant pendant 15 min.

8/ Ajouter le savon liquide pour stabiliser l'émulsion entre l'eau et l'huile de lin.

9/ Transférer la préparation dans un pot et laisser refroidir.

SUPPORT

La peinture suédoise est recommandée pour le bois mais elle peut aussi être utilisée sur tout autre support poreux comme le plâtre, la brique, ou même les plaques de placo ! Il est juste nécessaire de préparer le support en le ponçant ou en le frottant avec une brosse.

Dans le cas où vous souhaitez recouvrir une surface déjà peinte avec de la peinture industrielle, vous devrez enlever toutes les traces de l'ancienne peinture. En revanche, si vous souhaitez recouvrir une surface déjà recouverte de peinture suédoise, il vous suffira de peindre par-dessus après un rapide brossage.

APPLICATION

1/ La consistance de votre peinture doit être fluide et légèrement épaisse comme une pâte à crêpes… Si la préparation est trop épaisse, ajouter de l'eau petit à petit et mélanger.

2/ Préparer le support en le ponçant ou en le frottant avec une brosse.

3/ Appliquer au pinceau du bas vers le haut, en couche fine en suivant le fil du bois.

4/ La peinture est sèche au toucher en 1 à 2 h mais si une seconde couche est nécessaire, il est recommandé d'attendre 24 h.

CONSERVATION

C'est la grande différence avec la peinture industrielle : tout comme la colle de farine, la peinture suédoise est fragile et doit se conserver au frais et à l'abri de la lumière dans un récipient hermétique. Il est recommandé de l'utiliser dans les 3 à 5 jours après préparation mais vous pourrez la faire durer jusqu'à 2 semaines en la conservant au réfrigérateur.

EPAL
EUR
EPAL
EPAL
EPAL

CONSTRUIRE SON ÉTABLI

Pendant longtemps, je n'avais pas d'établi. Je squattais les espaces de travail disponibles, j'utilisais une table de jardin ou bien tout simplement un tas de palette. Mais quand j'ai commencé à écrire ce livre, je me suis dit qu'il était temps de m'équiper, et tant qu'à faire, à petit prix en mode récupération, et de vous partager le tuto.

OUTILS

- ☐ Un pied-de-biche
- ☐ Une massette
- ☐ Une scie à main (ou une scie circulaire si vous en avez une)
- ☐ Une perceuse-visseuse
- ☐ Une mèche scie cloche de la même taille que la largeur des claires-voies de votre palette

MATÉRIEL

Pour la base :

- ☐ 4 palettes similaires (les palettes Europe sont particulièrement adaptées pour ce projet en raison de leur solidité et de leur poids, mais vous pouvez aussi utiliser d'autres modèles)
- ☐ 36 vis 5 × 100 mm pour la base

En option :

- ☐ Une planche de contreplaqué ou d'OSB de la taille de vos palettes (80 × 120 mm) pour le plateau. À faire découper en magasin de bricolage.
- ☐ Une trentaine de vis 4 × 50 mm pour les bacs de rangement
- ☐ 4 roulettes pour établi (voir QR code sur la page suivante)

Cet établi est composé d'une base très solide (c'est essentiel pour un établi), à laquelle vous pouvez ajouter 3 options: un plateau, des roulettes rétractables et des bacs de rangement. Vous pouvez tout à fait vous arrêter à la base, mais je vous conseille tout de même d'installer des roulettes qui vous permettront de déplacer facilement votre établi (il pèse environ 80 kg !).

Je vous passe le paragraphe sur le rangement. Pour moi qui égare tout le temps mes crayons, mes mèches… c'est une fonctionnalité très pratique. À adapter en fonction de vos besoins des morceaux de palettes qui vous restent.

POURQUOI UTILISER DES ROULETTES RÉTRACTABLES ?

jon4s.com/etabli

Avec des roulettes traditionnelles, votre établi perdrait la stabilité qui fait tout l'intérêt d'un solide établi en bois. Il est donc fortement recommandé d'utiliser des roulettes rétractables spécialement conçues pour les établis, qui permettent de laisser la table reposer à même le sol une fois le déplacement effectué. Pour trouver les roulettes rétractables que j'ai utilisées pour cet établi, scanner le QR code.

DOIS-JE INSTALLER UN PLATEAU ?

Avantage avec plateau :
Je peux poser les outils et mon petit matériel sans risquer de les faire tomber.

Avantage sans plateau :
Je peux utiliser les claires-voies pour fixer les pièces sur lesquelles je travaille à l'aide d'un ou plusieurs serre-joints.

LES ÉTAPES

LA BASE

1/ Mesurer la hauteur de votre palette. Pour une palette Europe, la hauteur standard est d'environ 14,5 cm.

2/ Tracer un trait et couper le plancher de la première palette à 14,5 cm de la traverse centrale.

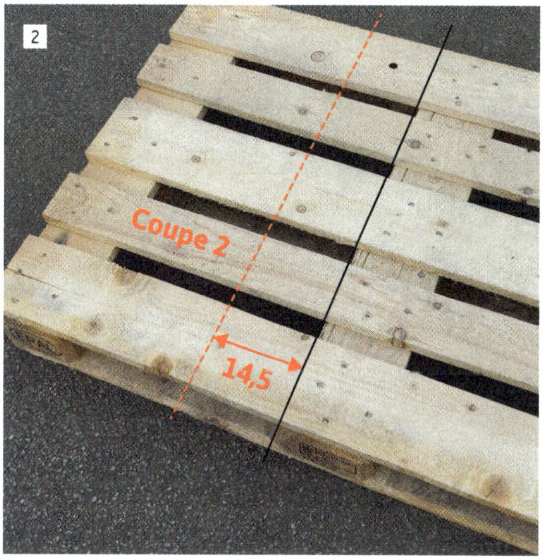

3/ Retourner la palette et couper les 3 semelles le long de chaque traverse, du côté opposé à la coupe effectuée à l'étape n° 2.

4/ Reproduire les étapes 2 et 3 afin d'obtenir une pièce similaire avec la deuxième palette.

5/ Installer les 2 montants sur un sol plat et positionner les 2 palettes restantes sur les dés. N'hésitez pas à vous faire aider pour cette étape car chaque palette pèse à elle seule 25 kg.

6/ Il ne vous reste plus qu'à visser en 3 points au niveau de chacun des dés (à reproduire 12 fois sur les 12 dés).

LE PLATEAU

7/ Si vous souhaitez installer un plateau, il vous suffit de le visser en 4 points au minimum au niveau des dés.

8/ En option, vous pouvez utiliser la scie cloche pour découper des trous permettant d'utiliser des serre-joints au niveau des claires-voies latérales.

LES ROULETTES

9/ Installer les roulettes aux 4 coins de la base en suivant le mode d'emploi fourni. Se positionner au niveau des dés et utiliser toutes les vis disponibles pour que les roulettes aient une meilleure résistance à l'arrachement.

LES RANGEMENTS

Cette étape peut être adaptée en fonction de ce qu'il vous reste comme matériaux et de vos besoins en matière de rangement.

10/ Démonter et poncer les morceaux de palettes que vous n'avez pas utilisés pour la base.

Il devrait vous rester :

- 3 planches de 14,5 × 80 cm
- 6 planches de 14,5 × 38 cm
- 6 planches de 10 × 38 cm

11/ Prépercer une des planches de 14,5 × 80 cm à 1 cm du bord et la visser à angle droit avec une deuxième planche de mêmes dimensions pour former la base du bac de rangement.

Pour éviter de fendre le bois (et pour faciliter le montage), il est recommandé d'effectuer un préperçage à chaque fois que vos vis sont à proximité du bord de votre planche. Cela peut varier en fonction de la qualité et de la dureté du bois. À adapter en fonction de vos premiers essais donc. Si tout se passe bien et que vous souhaitez gagner du temps, vous pouvez tenter le vissage brut.

12/ Découper les 2 côtés, les séparateurs, la façade et les positionner pour composer les espaces de rangement qui vous conviennent. Pour ma part, j'ai opté pour :

- 1 zone permettant de ranger les crayons, cutters et autres petits outillages
- 1 zone destinée aux boîtes de vis
- 2 grandes zones pour l'outillage

13/ Visser les séparateurs sur l'arrière du bac selon la disposition que vous avez choisie. Attention, à cette étape, vous ne devez pas encore visser les façades.

14/ Visser le bac à la hauteur souhaitée sur l'établi.

15/ Visser la façade et les côtés.

16/ Effectuer le ponçage final pour casser les arêtes, arrondir les angles et enlever toutes les échardes qui pourraient rester.

17/ Bravo, votre établi est terminé !

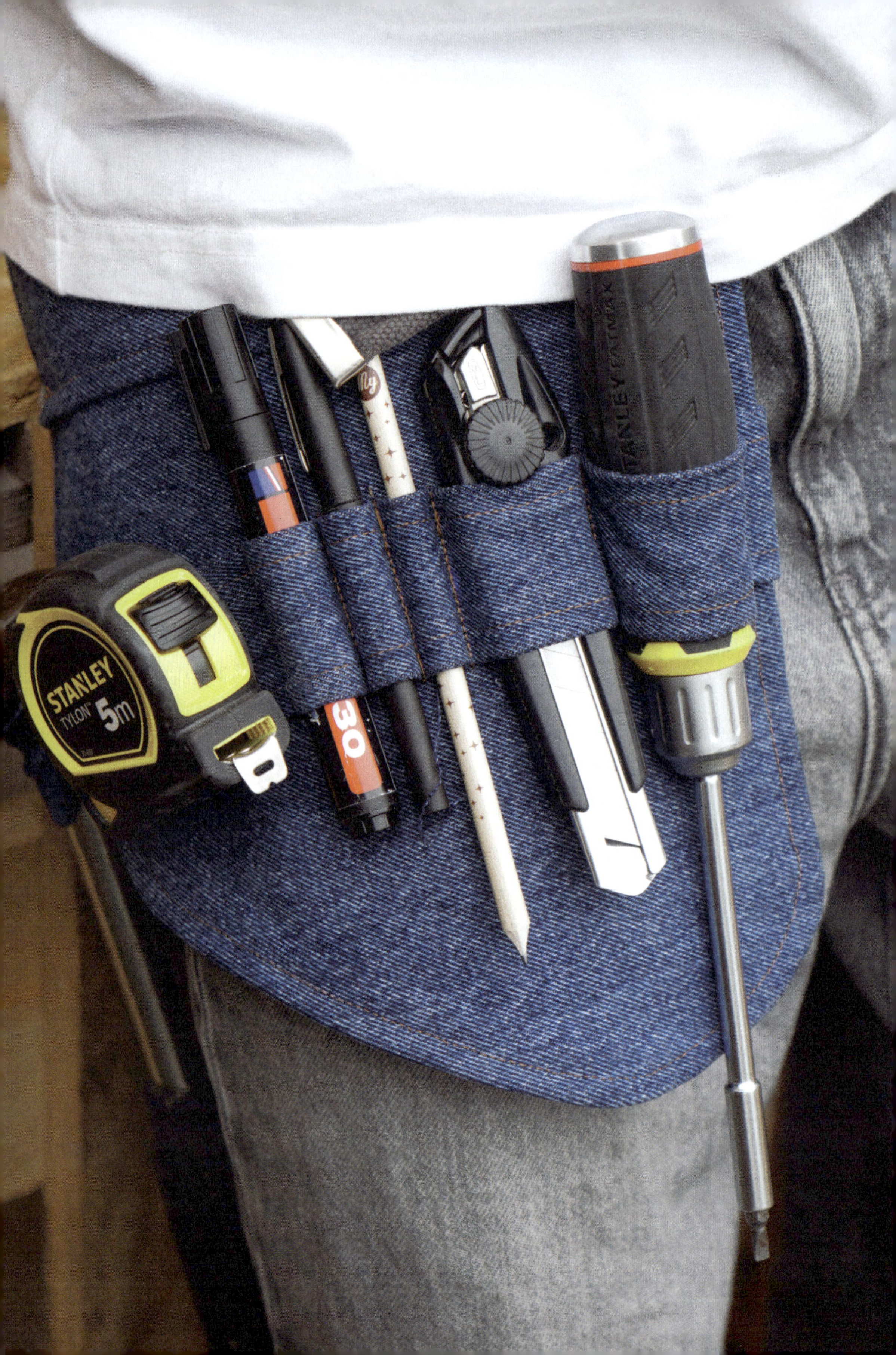
STANLEY
TYLON
5m
STANLEY FATMAX

LA CEINTURE À OUTILS

Vous est-il déjà arrivé de perdre un de vos outils en quelques secondes ? Moi ça m'arrive tout le temps. Où est passé mon marteau ? Quelqu'un aurait vu mon cutter ? Tu peux me prêter ton crayon à papier ?

Pour remédier à ce problème, il existe une solution assez simple : chaque chose à sa place ! Alors pour pouvoir ranger mon petit matériel sans passer ma vie à faire des allers-retours, je me suis dit qu'il était temps de me fabriquer une ceinture à outils.

Dans ce tutoriel, j'ai utilisé une machine à coudre familiale pour débutant•e, réputée pour sa fiabilité et sa capacité à coudre du tissu épais : la Singer Initiale. Pas de panique donc si vous ne possédez pas la machine de vos rêves ou si, comme moi, vous n'avez que peu d'expérience en couture. En prenant votre temps, vous y arriverez :)

MATÉRIEL

- ☐ Un vieux jean de grande taille, ou le tissu épais de votre choix (toile de lin ou coton par exemple)
- ☐ Une ceinture
- ☐ Du fil à coudre épais (il existe des références « spécial denim »)

OUTILS

- ☐ Une machine à coudre familiale
- ☐ Une aiguille pour tissu épais (taille NM 90 recommandée)
- ☐ Tous les accessoires de couture : ciseaux de couture, épingles à tête ronde, un fer à repasser, coupe-fil, crayon effaçable à la chaleur ou craie, feutre

COUDRE PLUSIEURS ÉPAISSEURS DE JEAN

Il est possible que votre machine peine lors de certaines étapes nécessitant de coudre de multiples épaisseurs de jean (aux étapes 19 ou 22 par exemple).

→ Plutôt que de forcer et risquer de casser ou tordre votre aiguille, il est conseillé d'utiliser le volant à main pour passer les zones difficiles.

→ Plutôt que de commencer à coudre sur une grosse épaisseur, décaler le début du point à un endroit où vous avez moins d'épaisseurs de tissu. Vous pourrez ensuite faire un demi-tour ou une marche arrière.

CORRIGER SES ERREURS

Hormis l'étape de la coupe, on peut en général facilement corriger ses erreurs en couture. Tout ce que vous avez cousu peut être en effet décousu à l'aide du coupe-fil ! Cela peut vous permettre de refaire une couture ou même de changer une pièce que vous auriez abîmée.

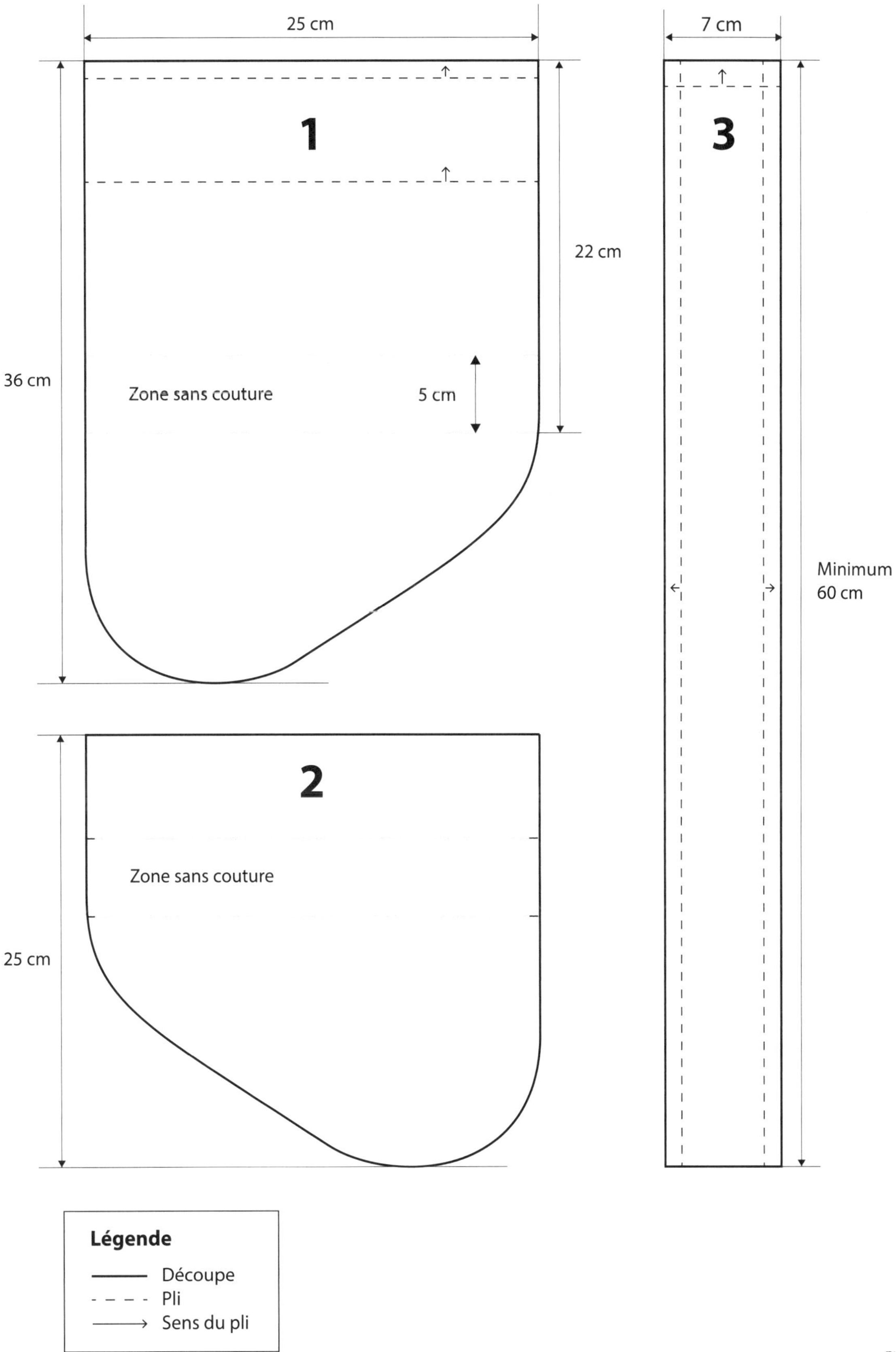
25 cm
7 cm
1
3
22 cm
36 cm
Zone sans couture
5 cm
Minimum
60 cm
2
Zone sans couture
25 cm
Légende
Découpe
Pli
Sens du pli

LES ÉTAPES

jon4s.com/
ceinture

1/ Fabriquer son patron. Vous pouvez au choix le reproduire sur des feuilles grand format à partir du schéma de la page précédente ou bien le télécharger au format PDF, imprimer les feuilles au format A4 et les coller entre elles.

2/ Découper le jean en 2 morceaux au niveau de l'entrejambe.

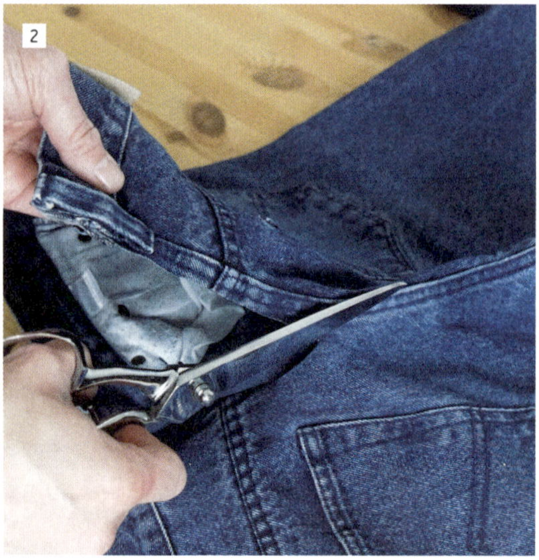

3/ Découper chaque jambe le long de la couture intérieure pour mettre le tissu à plat.

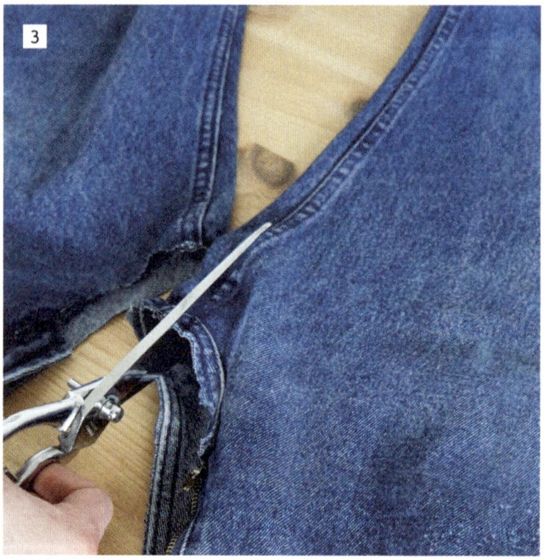

4/ Positionner les 3 éléments du patron sur le jean en prenant garde à ce que la couture existante ne se trouve pas dans la zone « sans couture », en gris sur le schéma de la page 75. Pour ne pas avoir de surépaisseurs quand les pièces 1 et 2 seront cousues ensemble, éviter aussi que la couture existante se retrouve alignée sur ces 2 pièces. Si votre pantalon est assez grand vous pouvez faire en sorte que la pièce 2 ne contienne pas de couture.

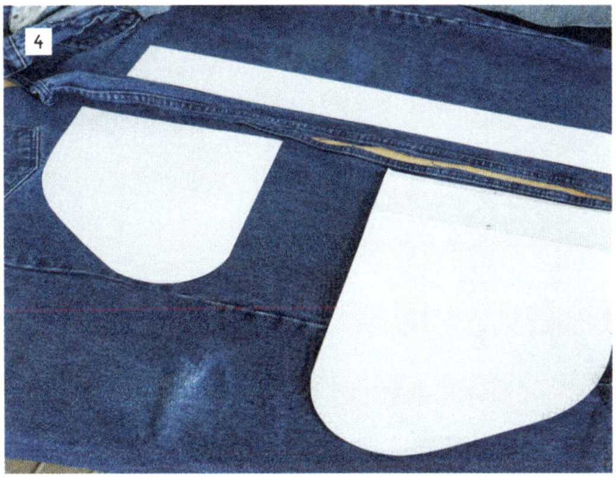

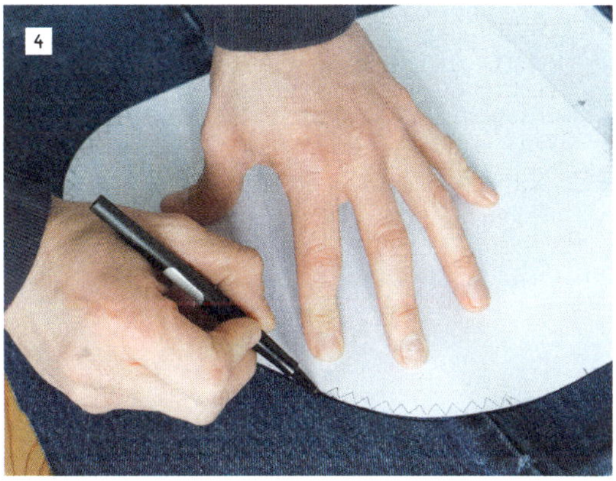

5/ Une fois le bon positionnement trouvé, tracer les découpes à effectuer. Vous pouvez aussi épingler le patron si votre tissu est trop foncé pour être marqué au feutre.

6/ Découper les 3 pièces à l'aide de vos ciseaux de couture.

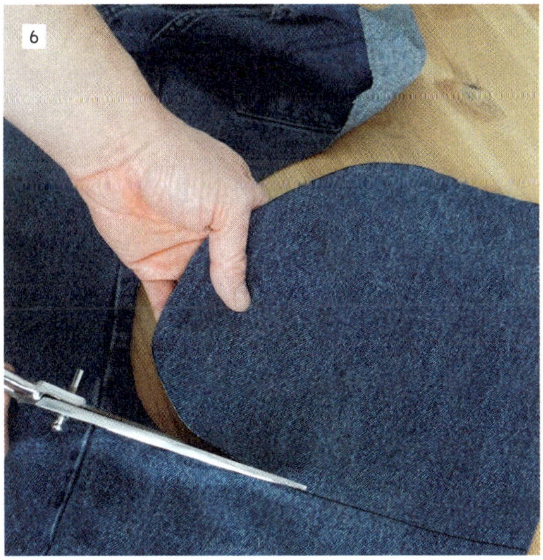

7/ Positionner les pièces 1 et 2 endroit contre endroit puis les épingler.

8/ Coudre les 2 pièces à 1 cm du bord.

9/ Cranter le tissu le long de toutes les coutures arrondies. Cette étape permettra d'éviter les tensions et d'obtenir une courbe régulière lorsque la pièce sera retournée.

8

9

10/ Retourner la pièce et marquer les coutures au fer à repasser.

10

10

11/ Plier et repasser les bords de la partie non doublée sur 1 cm.

12/ Sur l'endroit du tissu, surpiquer à 5 mm du bord d'un côté à l'autre en faisant une marche arrière à la jonction entre simple et double épaisseur.

13/ Plier le haut de la partie non doublée sur 1 cm et marquer le pli au fer à repasser.

14/ Positionner votre ceinture et plier la partie non doublée de manière à obtenir un passant dans lequel la ceinture peut coulisser. N'oubliez pas de prendre en compte la couture qui réduira la taille du passant de 5 mm. Vous pouvez utiliser des épingles pour simuler la couture et vérifier que la ceinture est facile à insérer.

Une fois que vous avez trouvé la bonne position, marquer le pli au fer à repasser et épingler le passant.

15/ Coudre le passant en faisant des points d'arrêt en début et fin de couture. N'oubliez pas de vérifier que votre ceinture s'insère bien dans le passant.

16/ Plier 1,5 cm sur les 2 bords longs de la pièce 3 pour fabriquer une bande de 4 cm de largeur.

17/ Sur l'endroit du tissu, surpiquer la bande à 5 mm du bord (il vous suffit d'aligner le tissu sur le pied presseur de votre machine à coudre).

18/ Marquer un pli à 2 cm d'une des extrémités de votre bande.

19/ Positionner la bande sur l'endroit de la ceinture à outils, à 10 cm du haut de la pièce principale et la replier de 3 cm sur l'envers.

20/ Piquer la bande à 1 cm du bord droit. Une fois arrivé·e en bas de la bande, faire demi-tour et remonter jusqu'à votre point de départ. Terminer par un point d'arrêt pour assurer la solidité de la piqûre.

21/ Positionner votre premier outil et ajuster la bande pour faire en sorte qu'il soit suffisamment serré pour être maintenu sans être bloqué. Une fois que cela vous semble correct, utilisez une épingle pour maintenir la bande. Pour être sûr·e de votre positionnement, faites plusieurs tests d'insertion et de sortie de l'outil. Si cela vous semble ok, vous pouvez enlever l'outil de son passant et passer à l'étape suivante.

22/ Utiliser votre crayon effaçable pour tracer un trait perpendiculaire pour indiquer le positionnement de votre aiguille.

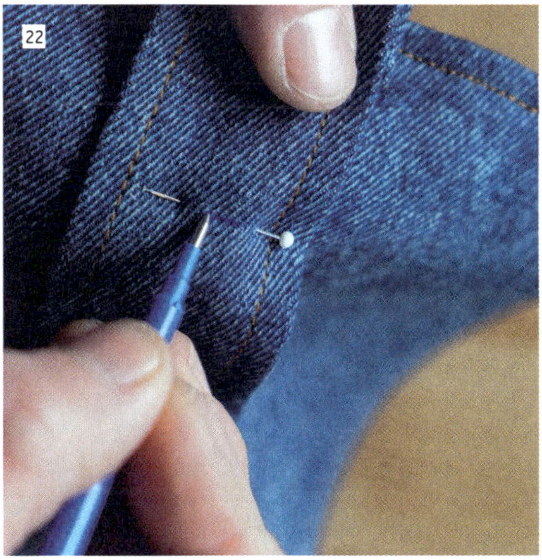

23/ Installer votre pièce dans la machine à coudre, baisser le pied presseur, enlever l'épingle et coudre la bande sur toute sa largeur en suivant bien votre repère. Une fois arrivé·e en bas de la bande, assurez-vous que l'aiguille soit bien piquée, relever votre pied presseur, faire demi-tour et remonter jusqu'à votre point de départ. Terminer par un point d'arrêt pour assurer la solidité de la piqûre.

24/ Procéder de même avec tous les outils de votre choix. J'ai pour ma part opté pour un tournevis, un cutter, 3 crayons de taille différente et un mètre (ce dernier possédant une languette de fixation, il suffit de réaliser un passant plat).

25/ Une fois que tous les emplacements sont cousus sur l'endroit, je vous propose de réaliser un dernier passant sur le côté de la ceinture à outils afin de pouvoir y accrocher un marteau.

Il vous suffit pour cela de replier la bande sur l'envers de la ceinture à outils en prenant bien soin d'ajuster la taille de la boucle pour que le marteau puisse aisément y être inséré. Les 2 dernières coutures à 2 cm du bord gauche et le long de la surpiqûre principale permettront de solidariser l'ensemble. N'hésitez pas à faire de multiples points d'arrêt sur la dernière couture. C'est elle qui subira le plus de tension en raison du poids du marteau.

SINGER

BE D'UNE RÉVOLUTION ?
NUMÉRO SPÉCIAL
ES FEMMES

L'ABAT-JOUR EN PAPIER RECYCLÉ

Vous avez déjà eu une impression de déjà-vu en entrant chez quelqu'un ? C'est normal, nous utilisons en grande majorité les mêmes meubles et éléments de décoration, disponibles dans les grandes enseignes spécialisées. Pour sortir de l'ordinaire, il faut chiner, partir à la recherche des artisanes, investir dans le design ou bien créer ses propres éléments de déco ! Dans ce tuto, je vous propose de réaliser une suspension entièrement personnalisable pour un budget minime.

jon4s.com/abat-jour

MATÉRIEL

- ☐ 2 journaux (du type *Courrier International*, pour la finesse du papier et pour les belles images)
- ☐ Un pot de 300 g de colle à l'amidon de blé (voir page 33)
- ☐ Un système électrique pour abat-jour suspendu
- ☐ Une ampoule LED
- ☐ Un grand pot de fleurs en plastique souple
- ☐ Du savon
- ☐ Une table ne craignant pas l'eau

OUTILS

- ☐ Un cutter
- ☐ Un pinceau

CHOISIR LE SYSTÈME ÉLECTRIQUE

Le système électrique d'un abat-jour suspendu se compose d'une douille, d'un câble électrique, d'une fixation et d'une rosace de plafond.

Le point important pour ce projet est de vérifier que la fixation de votre système pourra se clipser sur l'abat-jour (comme le système de la suspension Ikea MELODI® que j'ai utilisée dans ce tuto) ou se visser sur l'abat-jour.

LES ÉTAPES

1/ Savonner généreusement toute la surface extérieure du pot. Cette première étape est très importante pour que l'abat-jour ne reste pas collé au pot lors du démoulage.

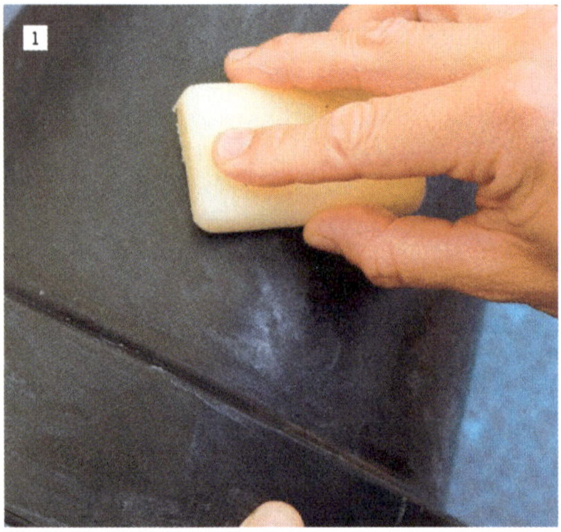

2/ Appliquer une première couche de papier sec sur toute la surface extérieure du pot et l'humidifier à l'aide d'une éponge en prenant garde à ne pas enlever le savon.

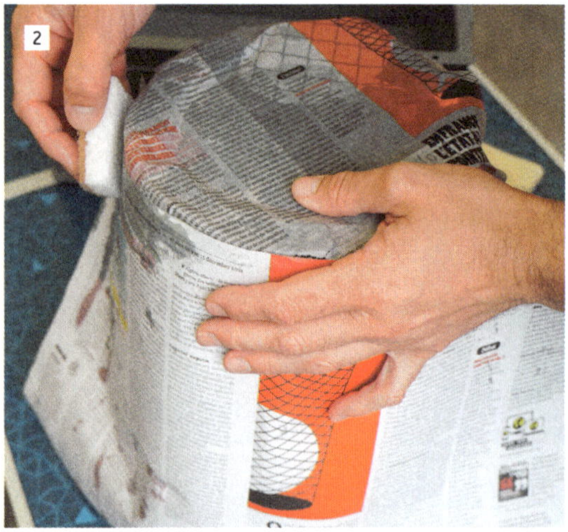

3/ Badigeonner toute la surface de papier d'une généreuse épaisseur de colle et appliquer une couche de papier.

4/ Reproduire l'étape précédente jusqu'à l'épuisement de votre papier journal. À chaque nouvelle épaisseur, le papier doit être imbibé de colle.

5/ Lisser le papier avec les mains pour évacuer les éventuelles bulles d'air et gommer les plis et les aspérités du papier.

6/ Laisser sécher pendant 24 à 72 h. Cette durée peut varier en fonction de la température du lieu de séchage, de l'épaisseur de votre création et de la quantité de colle utilisée.

7/ Couper la bordure de l'abat-jour.

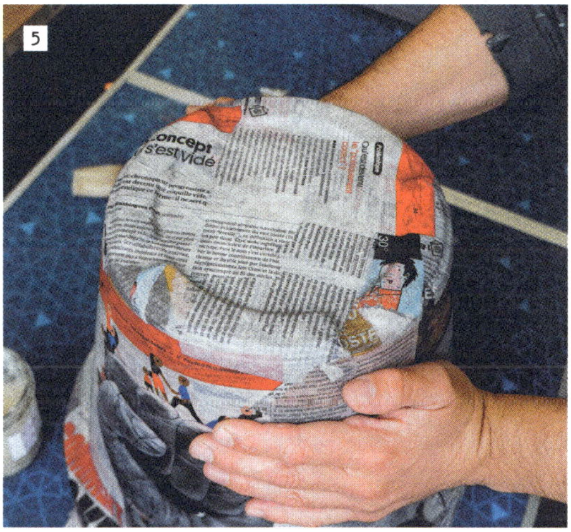
5

7

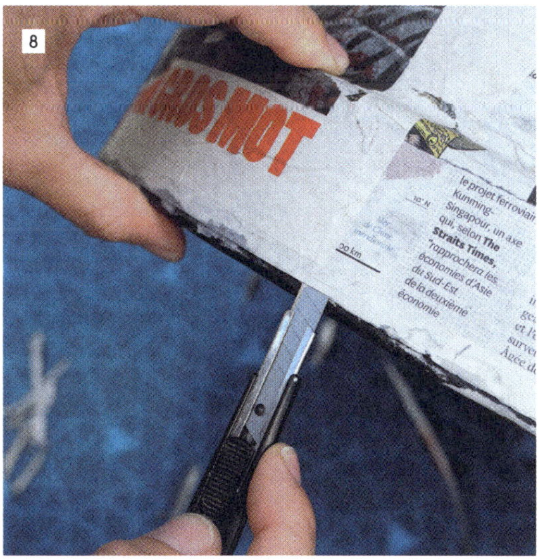
8

9

8/ Décoller prudemment le papier du pot avec la lame de votre cutter.

9/ Faire jouer le carton petit à petit jusqu'à ce qu'il se décroche. Cette étape peut prendre plusieurs minutes. Attention à ne pas déchirer votre abat-jour !

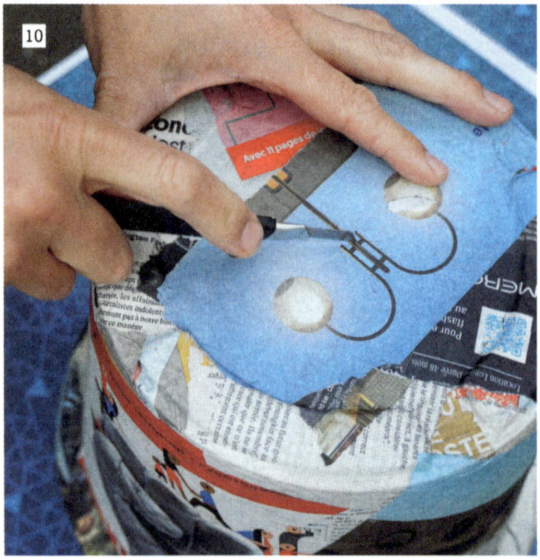

10/ Si le carton semble bloqué, découper sur le dessus un petit carré permettant de faire passer un doigt et utiliser l'orifice pour tirer sur le carton.

11/ Utiliser le reste de colle pour solidariser les feuilles de papier qui se décollent à l'intérieur de votre abat-jour (c'est la 1re couche de papier que vous aviez appliquée sur le pot savonné).

12/ Si vous avez déchiré votre abat-jour lors des étapes précédentes, vous pouvez le réparer à l'aide de colle et de quelques couches de papier journal.

13/ À l'aide du cutter, découper un trou correspondant au diamètre de votre système électrique avant de l'y insérer.

14/ Il ne vous reste plus qu'à installer votre suspension en prenant bien garde d'utiliser une ampoule LED afin de vous prémunir d'une surchauffe éventuelle.

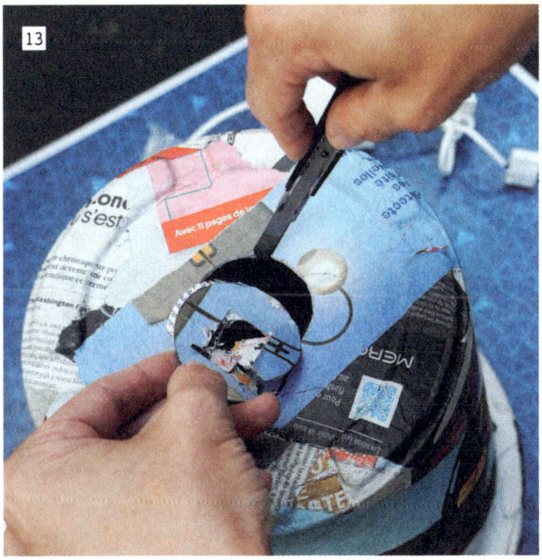

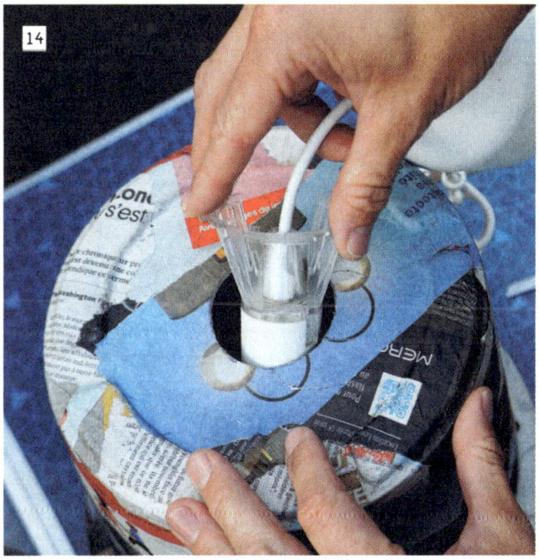

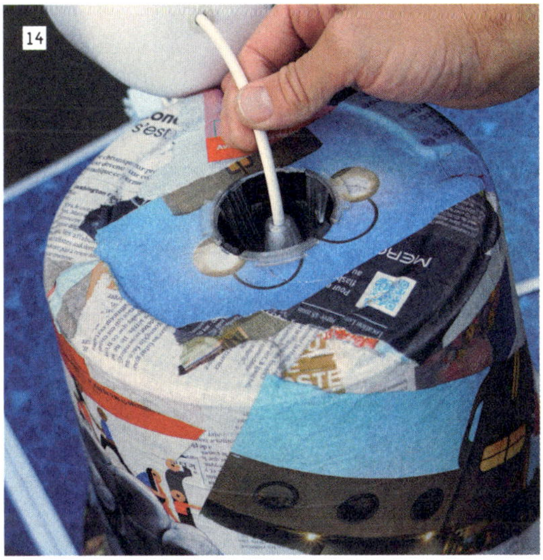

LE SUPPORT MURAL POUR PLANTE

Quand on aime (un peu trop) les plantes et qu'on a déjà utilisé tous les espaces disponibles, il reste une option : utiliser les murs pour créer un jardin vertical ! Voici un tutoriel pour créer un support mural que vous pourrez utiliser individuellement ou en groupe pour former un arbre à plantes.

MATÉRIEL

- ☐ Un tasseau d'épaisseur 18/20 mm
- ☐ Une feuille de papier
- ☐ Du papier de verre
- ☐ Une vis de diamètre 3 mm adaptée à votre support

OUTILS

- ☐ Une scie sauteuse
- ☐ 2 serre-joints
- ☐ 2 râpes, une plate et une ronde
- ☐ Une perceuse-visseuse avec mèche de 3 mm et une fraise en option

POTS DE FLEURS COMPATIBLES

Le gabarit de découpe que vous trouverez en scannant le QR code en page suivante est compatible avec de nombreux pots en terre cuite de diamètre inférieur à 20 cm, disponibles sur le marché. La hauteur maximale du rebord doit être de 3,5 cm.

Vous pouvez évidemment adapter le gabarit pour correspondre à un autre type de pot.

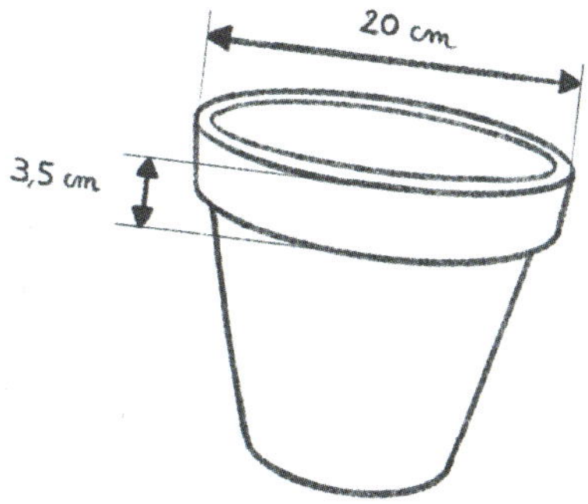

LES ÉTAPES

Ici
le gabarit
pour réaliser
le projet

**jon4s.com/
support-plante**

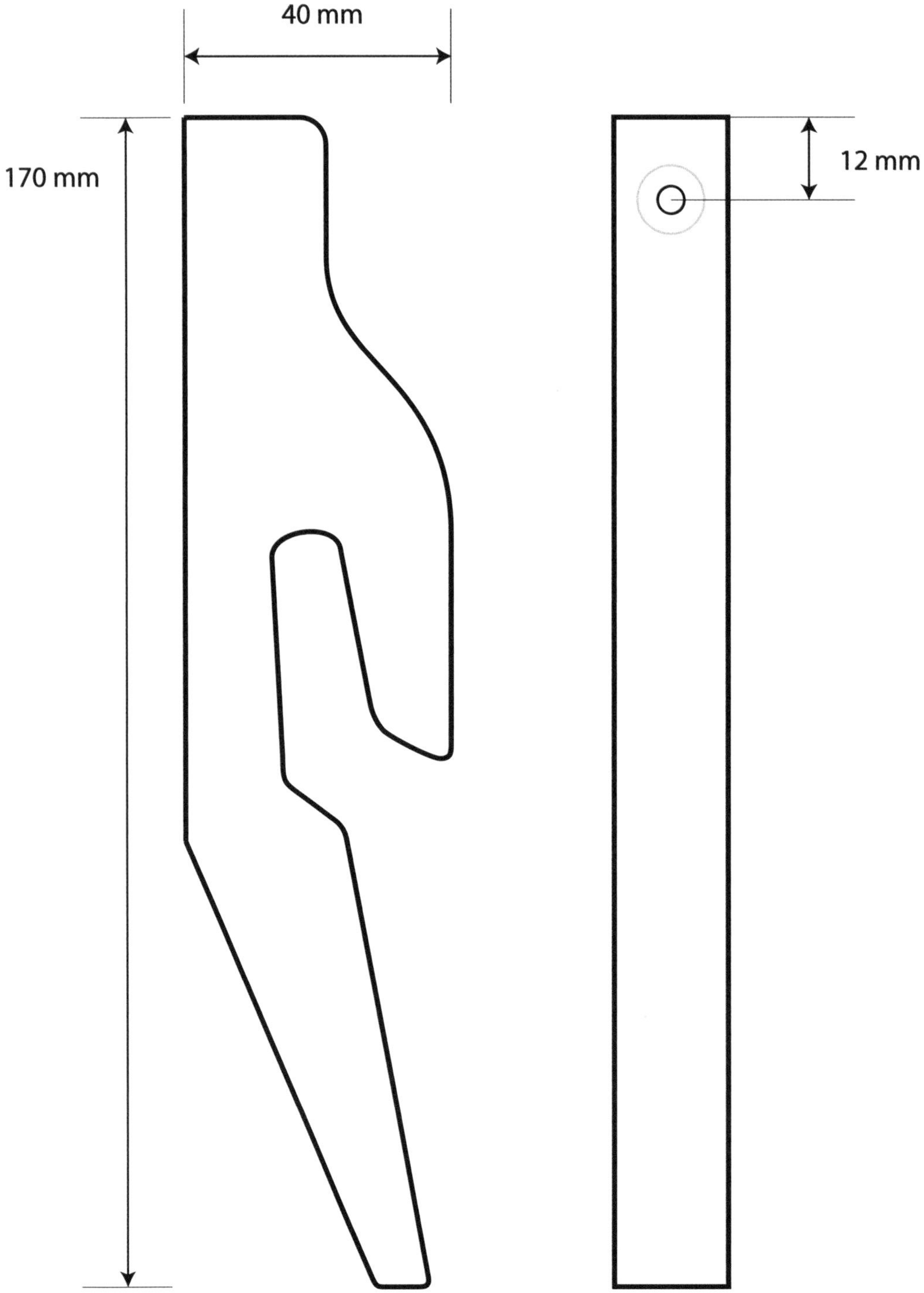

1/ Télécharger le gabarit de découpe.

2/ Imprimer ou recopier le gabarit.

3/ Découper le gabarit et le reporter au crayon sur le tasseau.

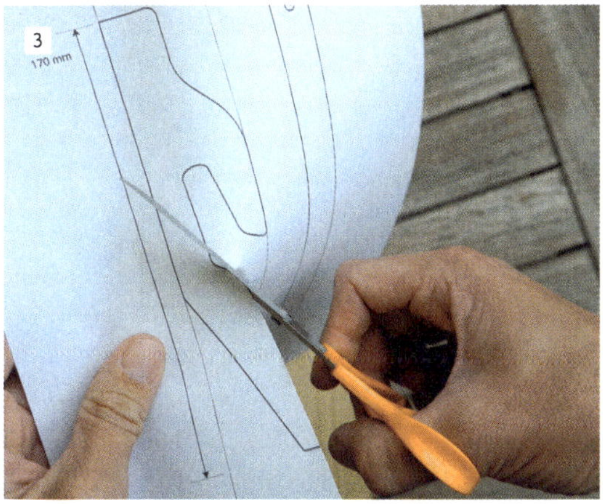

4/ Fixer votre tasseau à l'aide d'un serre-joint.

5/ Découper la forme à l'aide de la scie sauteuse.

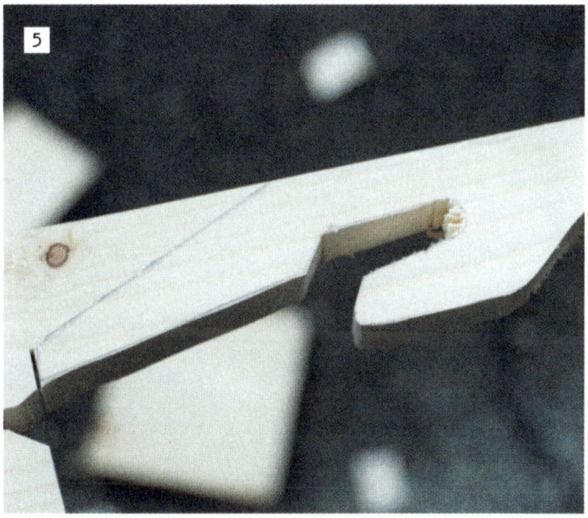

6/ Utiliser les râpes et le papier de verre pour finaliser la forme.

7/ Percer le trou d'accroche.

8/ Pour vérifier la solidité de votre support, je vous conseille d'essayer d'arracher le crochet à la main. Il peut arriver que le bois présente des faiblesses et s'il doit casser, il est préférable que cela soit maintenant !

9/ Accrocher au mur en utilisant si besoin une cheville adaptée au support (nécessaire pour les murs en pierre, placo, béton, brique…).

POUR ALLER PLUS LOIN :

À partir de ce tuto, vous pouvez :
- Installer plusieurs supports sur un poteau.
- Découper les crochets directement dans un tasseau ou une planche d'épaisseur 2 cm.

L'ÉTAGÈRE À PLANTES

Quand on adore les plantes, on a vite tendance à se laisser déborder ! Entre les boutures, les plantes que l'on nous offre et celles que l'on récupère pour les sauver de la destruction, il faut de l'espace. C'est à ce moment que l'étagère à plantes en palette de récup' devient nécessaire. Avec une structure en escalier pour mettre en valeur chacune de vos trouvailles, elle permet d'optimiser l'espace tout en leur garantissant un plein accès à la lumière du soleil.

jon4s.com/etagere-plantes

MATÉRIEL

- ☐ 2 palettes perdues identiques de 120 × 80 cm avec un plancher composé de 6 planches (si le plancher de vos palettes comporte moins de 6 planches, une troisième palette sera nécessaire)
- ☐ 48 grandes vis de 4 × 80 mm
- ☐ 18 petites vis de 4 × 45 mm
- ☐ 4 roulettes (en option)

OUTILS

- ☐ Un pied-de-biche et une massette
- ☐ Une scie à main
- ☐ Une perceuse visseuse
- ☐ Une ponceuse

L'INDEX DES PIÈCES

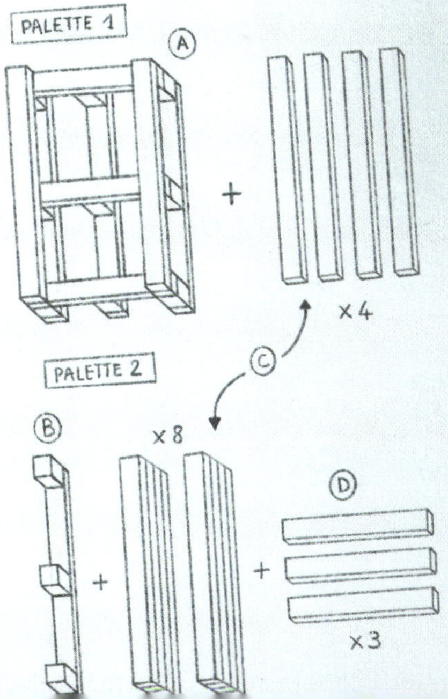

LE PROJET FINI (VUE DE CÔTÉ)

LES ÉTAPES

1/ Démonter les 4 lames centrales du plancher de la première palette (en rouge sur la photo). Pour cela, le plus simple est de retourner la palette et de la surélever d'une quinzaine de cm, à l'aide de 4 dés de palette par exemple. Il vous suffit ensuite de taper progressivement sur chaque planche que vous devez extraire en vous déplaçant d'un côté à l'autre de celle-ci. Vous obtenez 4 planches de 120 cm (pièce C).

2/ Démonter intégralement la deuxième palette à l'exception d'une des semelles (pièce B). Vous obtenez 8 autres planches de 120 cm (pièce C) et 3 planches de 80 cm (pièce D).

Rendez-vous en page 36 pour suivre le tuto démonter une palette.

Une fois le démontage effectué, vous devriez avoir :

- 1 palette partiellement démontée (A)
- 1 semelle composée d'une planche de 120 cm et 3 dés (B)
- 12 planches de 120 cm (C)
- 3 planches de 80 cm (D)
- 6 dés que vous pouvez mettre de côté pour un autre projet

3/ Découper les bras des étagères afin d'obtenir les pièces suivantes :

- Étage 1 : 3 bras de 60 cm
- Étage 2 : 3 bras de 40 cm
- Étage 3 : 3 bras de 20 cm

Pour cela vous aurez besoin d'une planche de 120 cm (C) et des 3 planches de 80 cm (D)

1) Découper la planche de 120 cm en 3 morceaux égaux de 40 cm.

2) Découper chacune des 3 planches de 80 cm en 2 pour obtenir un morceau de 60 cm et un morceau de 20 cm.

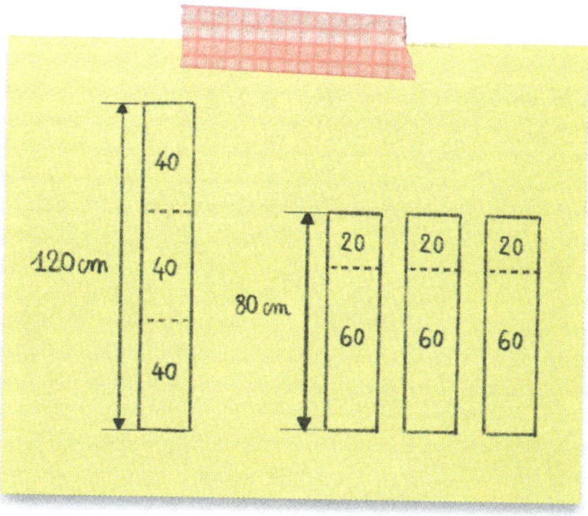

4 / Nous allons maintenant construire le premier étage, qui sera la base de notre étagère à plantes. Utiliser 6 grandes vis pour fixer les 3 bras de 60 cm entre la première palette (A) et la semelle que vous avez gardée lors du démontage de la deuxième palette (B).

5/ Utiliser 6 grandes vis pour consolider la jointure entre les 3 bras et la palette verticale.

6/ Fixer 2 planches de 120 cm (C) au premier étage en utilisant 2 vis par bras : 2 grandes vis quand vous fixez sur un dé ; 2 petites vis quand vous fixez sur une autre planche de palette.

7/ Utiliser 12 petites vis pour fixer 2 planches de 120 cm (C) sur les 3 bras de 40 cm. Vous venez de créer le deuxième étage !

8/ Visser partiellement 2 grandes vis au bout de chacun des bras du deuxième étage afin de faciliter son installation sur les dés du milieu (vous n'aurez sinon pas assez d'espace pour passer votre visseuse).

9/ Positionner le deuxième étage sur les dés du milieu et terminer de visser les vis que vous aviez préinstallées à l'étape précédente.

10/ Fixer les 3 bras de 20 cm sur les dés du haut et ajouter 2 planches de 120 cm (C) sur le dernier étage.

SI VOTRE PALETTE N'EST PAS PARFAITEMENT AJUSTÉE

Pour que le dernier étage soit bien horizontal, vous devrez peut-être remettre à plat certaines zones de votre palette. La râpe, la scie ou encore le ciseau à bois pourront vous y aider. Vous pouvez utiliser un niveau pour vérifier que le dernier étage est bien droit ou faire confiance à votre œil.

11/ Faire basculer l'étagère sur le côté et fixer les 2 dernières planches de 120 cm (C) en diagonale à l'aide de 2 vis par étage.

12/ Découper les morceaux des 2 planches diagonales qui dépassent.

13/ En option, ajouter 4 roulettes sur les dés des 4 coins. C'est très pratique pour déplacer votre étagère quand elle est chargée de plantes !

14/ Terminer par un ponçage intégral pour l'esthétique et la sécurité !

15/ Et voilà, il ne vous reste plus qu'à installer vos plantes.

Si votre étagère est utilisée en extérieur, il est fortement recommandé de la protéger des intempéries et de l'humidité. Rendez-vous en page 55 pour fabriquer votre peinture naturelle et économique !

16/ En bonus, j'ai installé un petit coin douillet pour mes 2 chats au rez-de-chaussée en leur mettant chacun un plaid plié dans un carton. L'espace est ainsi pleinement utilisé et mes 2 panthères noires peuvent faire la sieste dans un petit coin de nature cocooning.

L'ENCAS PROTÉINÉ SPÉCIAL BRICOLAGE

Mon encas préféré quand je bricole ! Riches en protéines (6 g par barre) et en (bonnes) matières grasses (15 g) et pauvres en glucides (7 g), ces barres ont un index glycémique plus bas que la plupart des biscuits que vous pouvez trouver dans le commerce.

jon4s.com/
barre-proteine

LES INGRÉDIENTS
pour 9 barres de 30 g

Les graines et les oléagineux (200 g au choix) :

- [ ] 100 g d'amandes
- [ ] 25 g de graines de courge
- [ ] 25 g de graines de tournesol
- [ ] 25 g de graines de sésame
- [ ] 25 g de pistaches

Le liant :

- [ ] 40 g de purée de sésame, d'amande ou d'arachide
- [ ] 30 g de sirop d'érable ou d'agave

NUTRITION

Comme la plupart des ingrédients sont des oléagineux, ces barres sont aussi pleines d'antioxydants, d'acides gras essentiels, de vitamines en tous genres, de minéraux comme le zinc et le cuivre, de magnésium, de calcium… Bref, un concentré de nutriments bons pour le fonctionnement de notre organisme !

Parfaites pour la pause pendant le bricolage mais aussi tout à fait adaptées avant, pendant ou après le sport.

LA PRÉPARATION

1/ Hacher finement les éléments les plus gros (amandes, pistaches, graines de courge…).

1

2/ Mélanger le liant dans un contenant séparé.

2

2

3/ Intégrer le liant aux graines.

3

4/ Former les barres dans un moule silicone en tassant bien. Vous pouvez aussi les étaler directement sur une plaque avec du papier cuisson.

4

5/ Faire cuire 10 min au four à 150 °C. Les barres doivent juste dorer.

6/ Laisser refroidir avant de démouler.

6

LE CARNET DE BRICOLAGE

J'ai toujours aimé fabriquer des objets utiles. Et quoi de plus utile pour une personne qui bricole qu'un carnet ! Pour prendre des notes, faire des croquis, calculer les mesures et les quantités nécessaires puis préparer ma liste de courses, le papier reste mon support préféré.

Ce tutoriel vous permet de fabriquer un carnet A5 de 160 pages, mais vous pouvez facilement adapter le projet à vos besoins en modifiant le format, le nombre de pages ou encore choisir de réaliser un autre type de couverture.

jon4s.com/carnet

MATÉRIEL

- ☐ 40 feuilles de papier A4 (21 × 29,7 cm) de grammage 80 à 120 g/m² (voir le nombre de feuilles nécessaires à l'étape 1)
- ☐ 1 feuille A4 de carton gris de 300 g/m² ou plus
- ☐ Environ 2,5 m de fil de lin
- ☐ De la colle en bâton

OUTILS

- ☐ Une aiguille
- ☐ Un cutter
- ☐ Un plioir (en option)

Pour la perforation :

- ☐ Une scie à métaux
- ☐ 2 serre-joints + 2 planches de contreplaqué de 14,7 × 21 cm (juste 1 mm de moins que le format de notre ouvrage)

Pour la perforation (option alternative) :

- ☐ Un poinçon

QUELQUES DÉFINITIONS

LE GRAMMAGE DU PAPIER

Défini en grammes par mètre carré (g/m^2).

Pour faire simple, plus le grammage du papier est élevé, plus le papier est épais et plus il va être rigide (la rigidité, aussi appelée la main, dépend également de la technique de fabrication du papier).

À titre d'exemple, les ramettes de papier pour imprimante que l'on trouve dans le commerce font généralement 80 ou 90 g/m^2. Le papier d'un carnet à dessin sera souvent plus proche des 150 ou 200 g/m^2.

La minute mathématique : si vous souhaitez déterminer le grammage d'un papier, il vous suffit de peser une feuille et de calculer sa surface. Vous pouvez ensuite effectuer un produit en croix pour déterminer son grammage.

POIDS EN G	SURFACE EN M^2 (LARGEUR × LONGUEUR)
10	21 cm × 29,7 cm / 10 000 = 0,062 m^2
161,29	1 m^2

10 / 0,062 = 161,29

Si une feuille de papier A4 pèse 10 g, son grammage est de 160 g/m^2.

LES CAHIERS

Dans la reliure traditionnelle, un ouvrage est composé de plusieurs cahiers cousus entre eux. Chaque cahier est lui-même composé d'une ou plusieurs feuilles pliées en 2.

Chaque feuille pliée en 2 étant équivalente à 4 pages, le nombre de pages de chacun de nos cahiers (et donc de notre ouvrage final) sera toujours un multiple de 4.

On définit le nombre idéal de feuilles par cahier en fonction de l'épaisseur ou du grammage de notre papier. Si vous souhaitez utiliser du papier très épais, il sera sans doute préférable de n'utiliser que 1 ou 2 feuilles pliées en 2. Avec du papier de 120 g/m^2 ou inférieur, on utilise en général 4 feuilles pour obtenir des cahiers de 16 pages.

UN PEU D'HISTOIRE

Pour ce projet, nous utilisons la reliure copte, une technique originaire d'Égypte, développée par les premiers chrétiens coptes, entre le IIe et le IVe siècle. Avant cette invention, les manuscrits étaient conservés sous forme de rouleaux maintenus sur des bâtonnets par des lanières de cuir ou de papyrus. La reliure sous forme de cahiers cousus a été une révolution dans le monde de l'écriture, permettant une organisation plus efficace des textes, une meilleure préservation et une plus grande facilité d'utilisation. Après avoir été adoptée par les Grecs et les Romains, elle s'est répandue dans le monde entier et est utilisée encore aujourd'hui dans l'industrie de l'imprimerie.

LES ÉTAPES

A) LE PLIAGE

1/ Calculer le nombre de feuilles et de cahiers nécessaires. Si, comme moi, vous utilisez du papier 80 g/m², vous devrez faire des cahiers de 16 pages.

Pour obtenir un carnet de 160 pages, il vous faudra 10 cahiers composés chacun de 4 feuilles A4 soit 40 feuilles.

Pour un carnet de 96 pages : 24 feuilles

Pour un carnet de 128 pages : 32 feuilles

2/ Faire des paquets de 4 feuilles.

3/ Plier chaque paquet de 4 feuilles en 2 pour obtenir vos 10 cahiers. Vous pouvez utiliser un plioir si vous en avez un sous la main mais cela n'est pas essentiel. Le plus important est de bien ajuster les feuilles pour que le pli soit bien centré. Vous pouvez plier les feuilles une par une si besoin, mais vous devriez pouvoir plier les cahiers complets sans problème.

B) LA PERFORATION

4/ Placer les cahiers entre vos 2 planches de bois et serrer l'ensemble à l'aide de 2 serre-joints. Pour un résultat optimal, soyez précis·e sur l'alignement des feuilles, faites en sorte qu'elles dépassent d'environ 1 mm au-dessus des 2 planches.

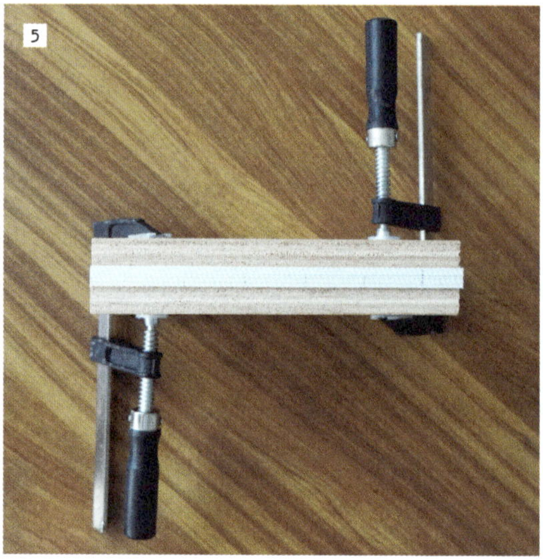

5/ Tracer 6 traits de coupe espacés de 3,4 cm en commençant à 2 cm du bord gauche.

6/ Utiliser la scie à métaux pour entamer vos cahiers sur une profondeur de 1 mm. Il est important de couper assez profondément pour que les 4 feuilles soient bien perforées. Si ce n'est pas le cas, vous pourrez utiliser votre aiguille ou un poinçon pour percer les feuilles qui le nécessitent.

Pour la perforation (étapes 4, 5 et 6), il existe une autre option consistant à percer les cahiers 1 par 1 à l'aide d'un poinçon. Vous pouvez pour cela repérer les espacements au crayon comme à l'étape 5, ou, encore mieux, réaliser un gabarit en carton qui vous permettra de faire des perforations régulières.

C) LA COUTURE DE 2 PREMIERS CAHIERS

Cette première étape va permettre de créer la base de votre ouvrage, sur laquelle viendront se fixer un à un tous les cahiers.

7/ Enfiler votre fil sur l'aiguille, dérouler 6 fois la longueur de votre carnet (environ 120 cm) et couper le fil.

8/ Insérer votre aiguille dans le trou n° 1 du premier cahier, de l'extérieur vers l'intérieur, et ressortir par le trou n° 2 du même cahier, de l'intérieur vers l'extérieur.

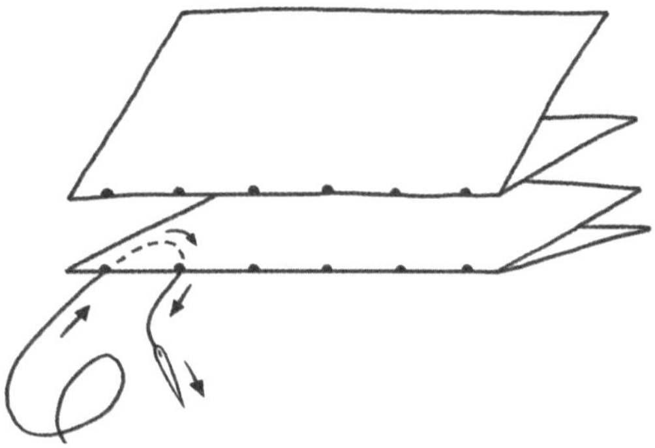

9/ Tirer le fil pour ne garder qu'une dizaine de cm de fil à l'extérieur du cahier.

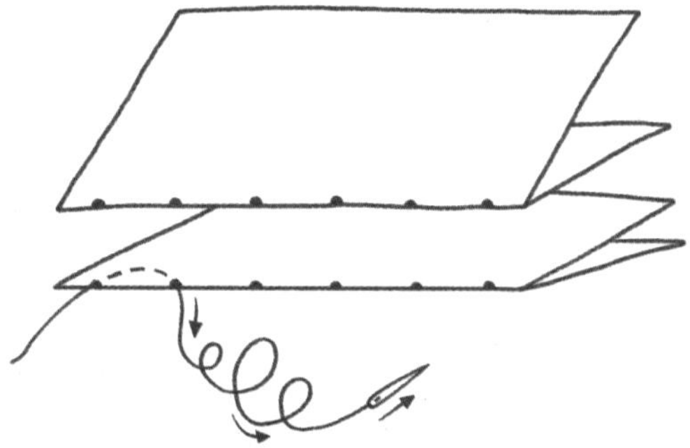

10/ Passer votre aiguille par le trou n° 2 du deuxième cahier, de l'extérieur vers l'intérieur, et ressortir par le trou n° 3 du même cahier, de l'intérieur vers l'extérieur.

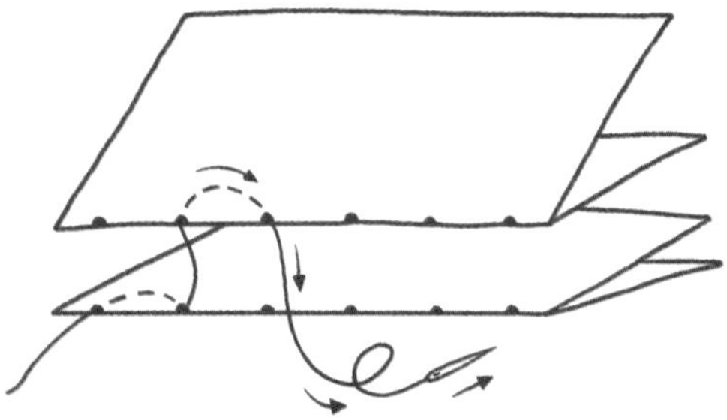

11/ Procéder ainsi de suite jusqu'à ressortir par le trou n° 6 du deuxième cahier.

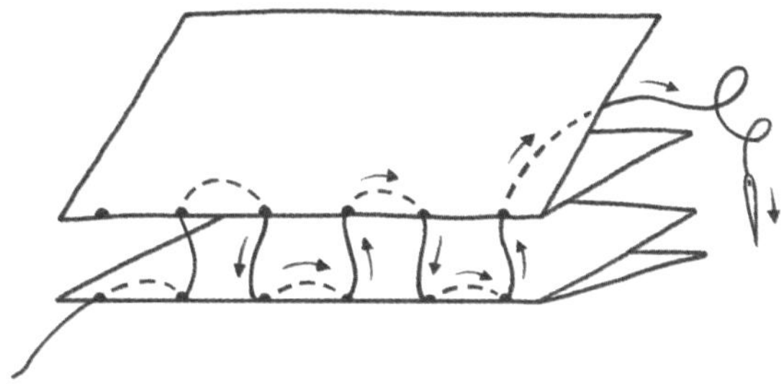

Voici ce que vous devriez pouvoir observer au milieu de votre premier cahier.

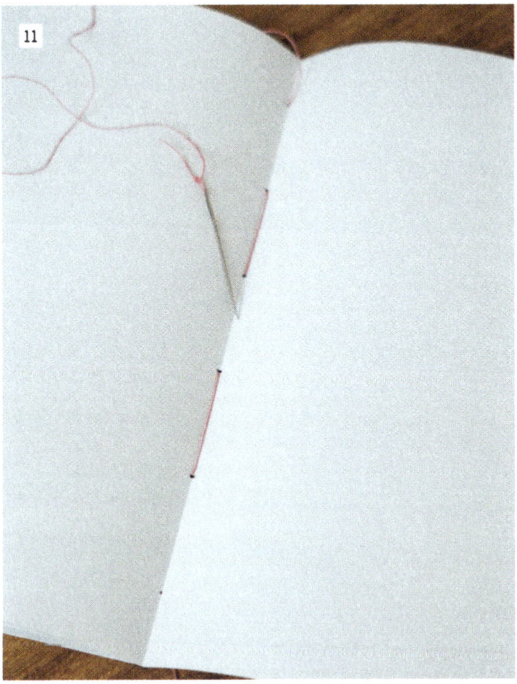

Voici ce que vous devriez pouvoir observer au milieu de votre deuxième cahier.

12/ Effectuer le même assemblage dans le sens inverse en commençant par insérer votre aiguille dans le trou n° 5 du deuxième cahier, de l'intérieur vers l'extérieur. Vous devriez finir par ressortir par le trou n° 1 du deuxième cahier.

13/ Tendre le fil pas à pas en repartant du trou n° 1 du premier cahier et en refaisant le trajet depuis l'étape 8. L'objectif est de solidariser les 2 cahiers sans laisser de mou à votre fil. Prenez garde de ne pas tirer trop fort sur le fil au risque de le casser ou de déchirer votre papier (ce dernier cas est d'autant plus probable que le grammage de votre papier est faible).

14/ Quand les 2 cahiers vous semblent parfaitement ajustés, effectuer 2 nœuds simples pour définitivement solidariser les 2 cahiers.

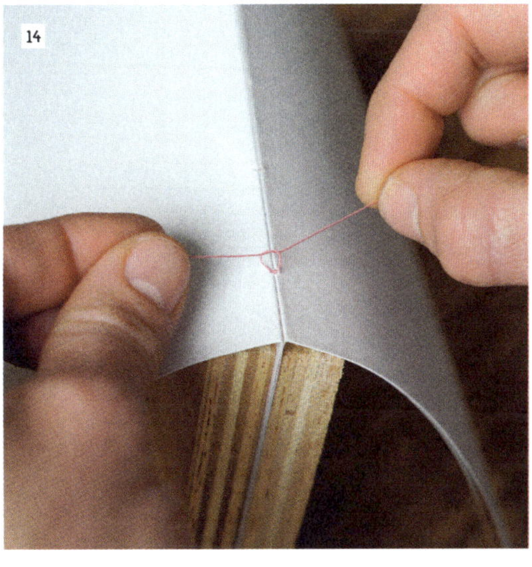

D) LA COUTURE DES CAHIERS SUIVANTS

Nous allons maintenant répéter le même point 6 fois par cahier en alternant les allers-retours de la gauche vers la droite et de la droite vers la gauche à chaque nouveau cahier.

15/ Prendre le cahier suivant et le positionner au-dessus des précédents en vérifiant que les trous sont bien alignés. Si ce n'est pas le cas, c'est sans doute que vous avez malencontreusement retourné votre cahier.

16/ Insérer votre aiguille dans le premier trou du cahier nouvellement ajouté.

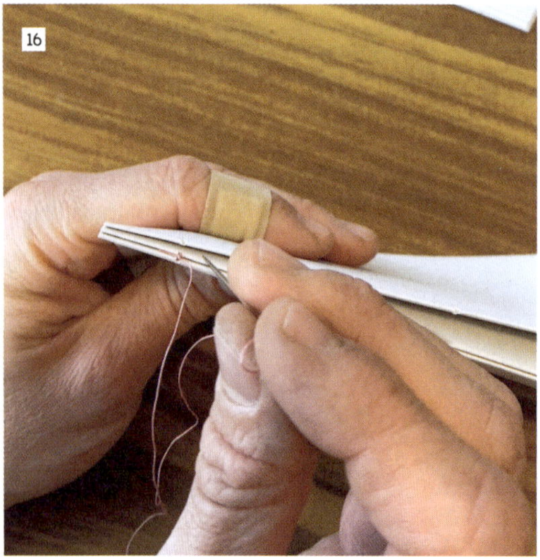

16

17/ Ressortir par le trou suivant du même cahier, de l'intérieur vers l'extérieur, et tirer le fil.

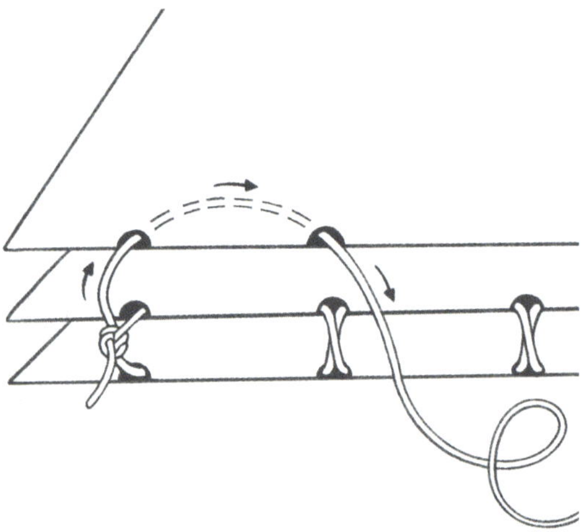

18/ Insérer l'aiguille entre les 2 cahiers du dessous.

19/ Récupérer l'aiguille de l'autre côté et, sans la changer de sens, contourner le fil reliant les cahiers puis l'insérer par l'arrière entre les 2 cahiers.

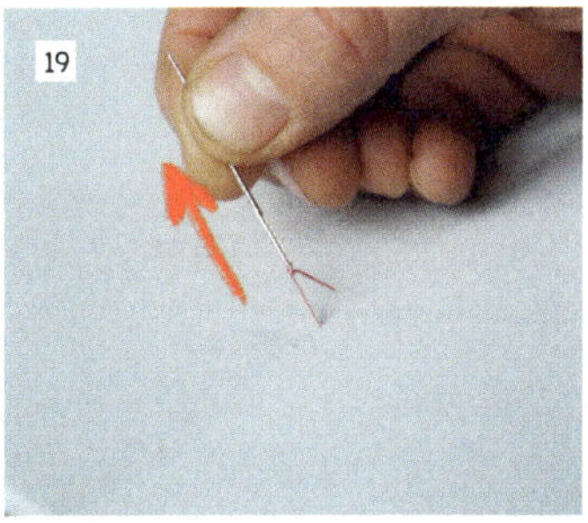

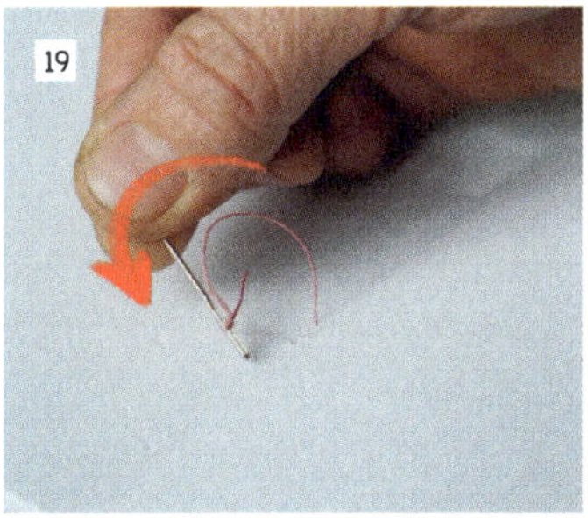

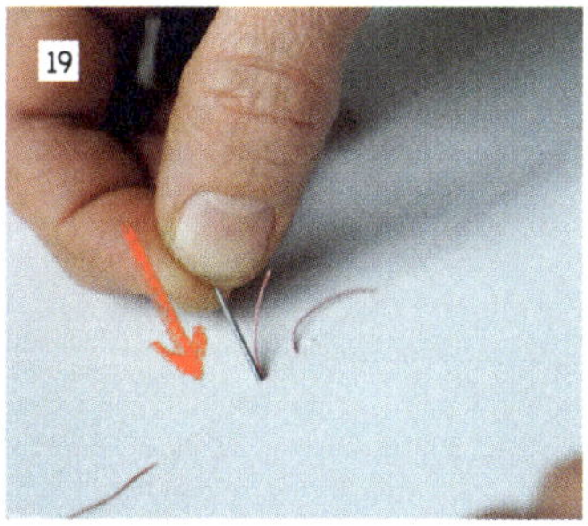

20/ Récupérer l'aiguille du côté extérieur (vous devriez voir l'arrière de l'aiguille dépasser) et tirer doucement le fil pour qu'il soit bien ajusté.

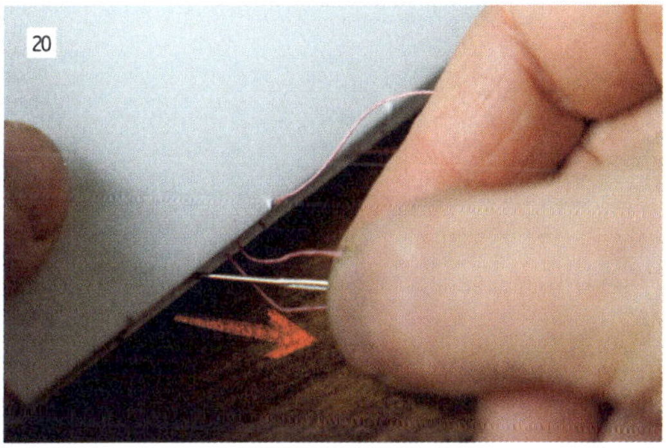

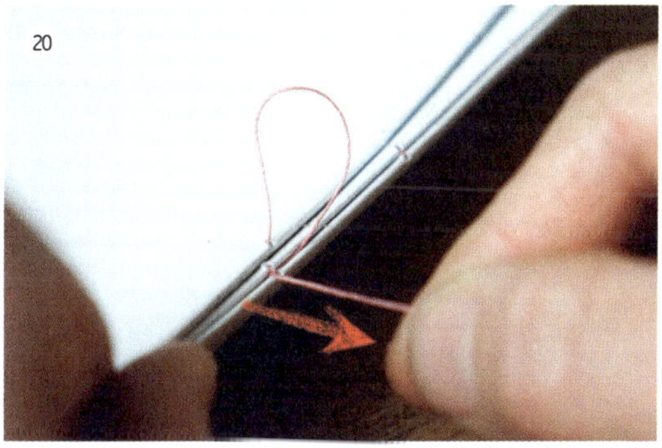

21/ Insérer l'aiguille dans le trou du cahier situé juste au-dessus et retourner à l'étape 17 pour effectuer le point suivant. Quand vous êtes arrivé·e au dernier trou du cahier en cours, rendez-vous à l'étape 15 pour ajouter le cahier suivant.

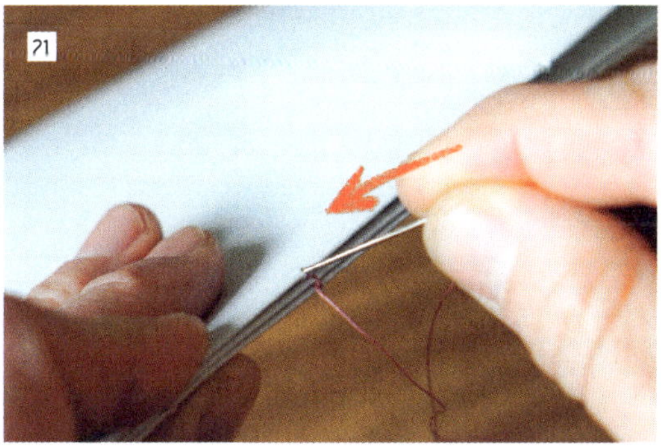

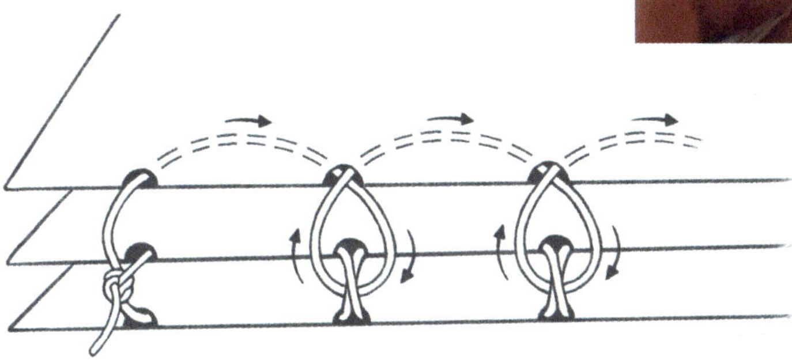

E) LES NŒUDS DE JONCTION

Pour éviter d'avoir trop de fil à tirer et pour minimiser le risque de démêlage, j'ai volontairement coupé un fil plus court que ce qui est nécessaire pour la fabrication d'un cahier de 160 pages. En fonction de la longueur choisie et du nombre de pages souhaité, il faudra peut-être faire 1 nœud de jonction. Pour cela, on utilise le bien nommé nœud de tisserand (aussi appelé nœud d'écoute dans la marine).

Afin de garder une belle reliure extérieure, je conseille de réaliser le nœud à l'intérieur des cahiers.

Quand il ne vous reste plus qu'une dizaine de cm de fil, c'est le moment de faire la jonction !

Rendez-vous en page 31 pour les étapes détaillées.

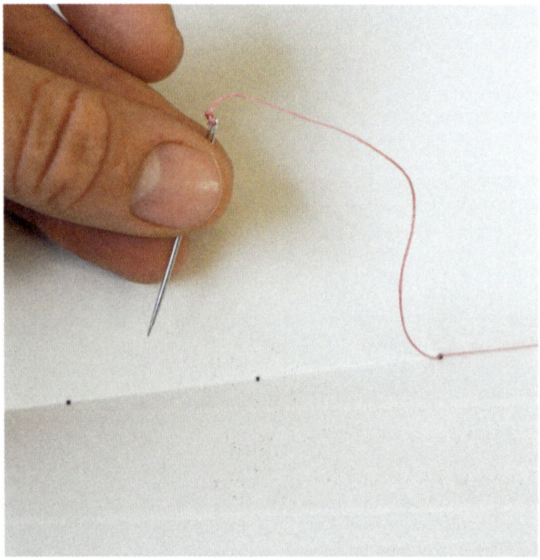

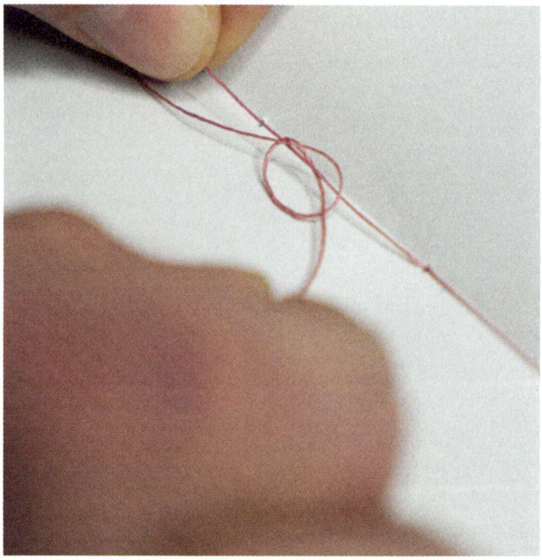

F) LA COUTURE DU DERNIER CAHIER

22/ Lorsque vous êtes arrivé·e au dernier trou de votre dernier cahier, il ne vous reste plus qu'à faire 2 nœuds simples en glissant l'aiguille sous le fil reliant les 2 derniers cahiers. Vous pouvez ensuite couper le fil à 1 ou 2 mm du nœud.

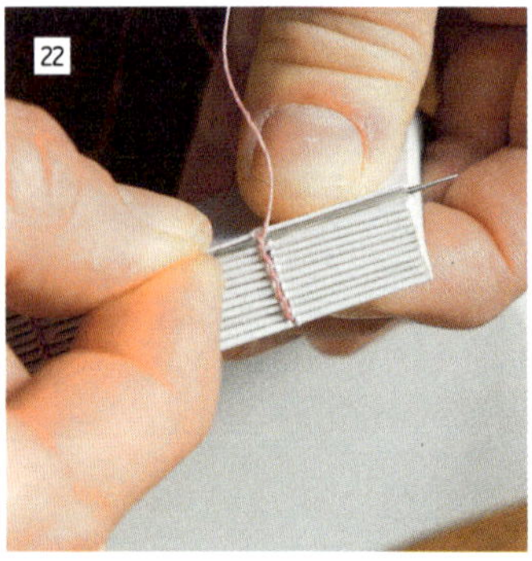

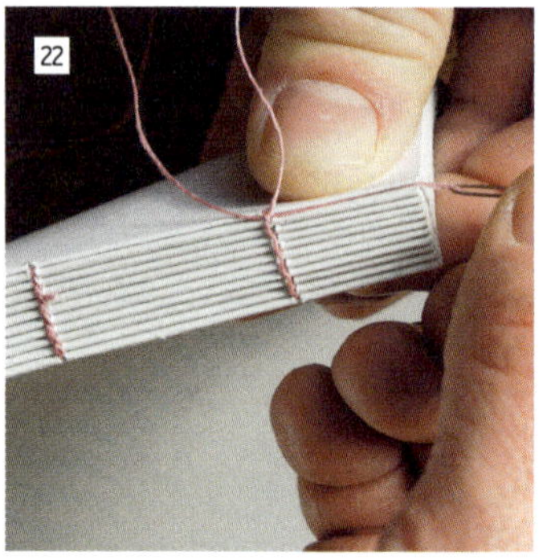

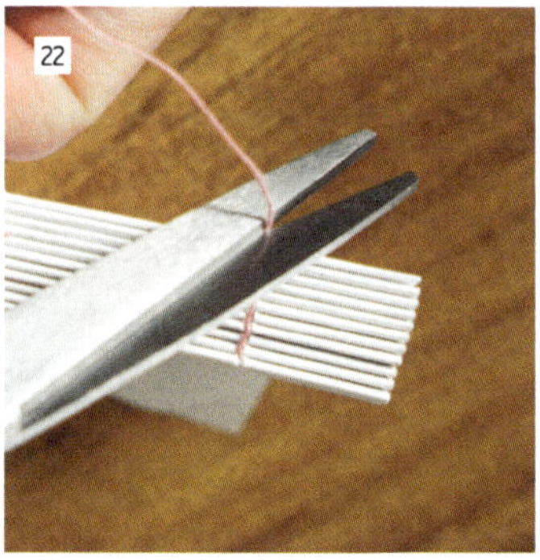

G) LA COUVERTURE

Il existe de nombreuses façons de créer une couverture. Je vous propose dans ce tutoriel une option très simple qui consiste à coller 2 feuilles de carton gris sur l'avant et l'arrière du bloc à l'aide de colle en bâton.

Il est tout à fait possible d'utiliser la colle à l'amidon dont vous trouverez la recette en page 33, mais sa composition à base d'eau la rend un peu moins pratique à utiliser pour ce projet. Elle peut en effet faire gondoler le carton et le risque de créer des plis sur le papier est plus important (surtout si vous utilisez un faible grammage).

23/ Découper le carton que vous avez choisi pour la couverture en 2 morceaux de format A5 (14,8 × 21 cm). Vous pouvez utiliser le bloc relié comme modèle pour une coupe parfaitement ajustée.

24/ Enduire les 2 cartons de couverture avec une fine couche de colle en bâton et les appliquer sur l'avant et l'arrière du bloc en prenant soin de bien les positionner.

25/ Mettre sous un poids (4 ou 5 romans grand format ou une dizaine de bandes dessinées par exemple), et laisser sécher pendant quelques heures.

26/ Ça y est, votre notebook est prêt ! Il ne vous reste plus qu'à lui choisir un usage et un titre.

LE GRIFFOIR EN CARTON DE RÉCUPÉRATION

Le griffoir est un accessoire essentiel pour toute personne vivant avec un chat. Son objectif est simple : permettre à votre petite bête (sauvage) d'entretenir ses griffes ailleurs que sur votre canapé ! Voici le tuto 100 % naturel à (presque) zéro euro pour fabriquer votre griffoir à base de carton de récup'.

jon4s.com/griffoir-carton

OUTILS

- ☐ Un cutter
- ☐ Un tapis de coupe
- ☐ Une grande règle en fer ou un tasseau en bois faisant au moins 60 cm

Plusieurs options pour maintenir votre griffoir pendant le séchage :

- ☐ Une petite dizaine d'élastiques
- ☐ Des objets suffisamment lourds (des piles de livres ou de magazines par exemple)
- ☐ Des serre-joints

MATÉRIEL

- ☐ 1 grand carton avec des côtés de 60 cm
- ☐ 300 g de colle à l'amidon de blé (1 pot)

LES ÉTAPES

1/ Pour que votre chat puisse entièrement s'étirer et s'allonger comme un pacha sur son griffoir, je recommande un format minimal de 15 × 60 cm pour votre griffoir. Votre chat pourra ainsi entièrement s'étirer et s'allonger dessus. L'idéal est donc de trouver un grand carton dont un des côtés fait 60 cm. Dans la mesure du possible, afin de limiter le nombre de découpes nécessaires, privilégier un carton le plus épais possible, avec une double cannelure.

1

2/ Déterminer le nombre de bandes de carton nécessaire. Pour fabriquer un griffoir de 15 cm de large, il vous suffit de diviser 15 cm par l'épaisseur de votre carton. Par exemple, si votre carton est épais de 0,5 cm, le calcul est le suivant : 15 / 0,5 = 30 bandes.

3/ Nettoyer votre carton en enlevant les morceaux d'adhésif si nécessaire.

4/ Découper toutes les faces du carton à l'aide du cutter et de la règle.

4

Attention aux doigts ! Si vous partez d'un carton complet, vous devriez avoir 12 planches dont 6 faisant 60 cm de largeur.

5/ Dans chaque planche de 60 cm, couper le nombre de bandes nécessaire au format 4 × 60 cm. Attention à prendre le carton dans le bon sens : la cannelure doit être visible sur le côté faisant 60 cm. En option, vous pouvez couper 2 bandes supplémentaires de 75 cm chacune (ou 3 bandes de 50 cm) pour ajouter un contour à votre griffoir.

6/ Étaler les bandes et les enduire toutes d'un seul coup avec de la colle.

7/ Coller une à une toutes les bandes en les ajustant précisément, jusqu'à obtenir une largeur de 15 cm.

8/ Pour obtenir une belle finition, vous pouvez égaliser votre bloc de carton à l'aide du cutter avec la lame entièrement sortie. Cela fonctionnera mieux avec une lame neuve.

9/ En option, utiliser les bandes restantes pour fabriquer le contour de votre griffoir. Il est recommandé de positionner les bandes de contour et d'effectuer les plis avant de les enduire généreusement de colle et de les appliquer.

10/ Il vous suffit maintenant de laisser sécher votre griffoir 24 h. Vous pouvez utiliser des poids, des élastiques ou des serre-joints pour maintenir les bandes bien ajustées durant le séchage.

11/ Et voilà, il ne vous reste plus qu'à offrir son nouveau jouet à votre chat !

OPTION FAMILLE NOMBREUSE

Si vous avez plusieurs chats, vous pouvez fabriquer plusieurs griffoirs, mais vous avez aussi la possibilité de fabriquer un modèle multiplace XXL, par exemple de 40 × 60 cm.

CONSEIL

Si votre chat n'est pas très inspiré, vous pouvez frotter de l'herbe à chat sur le griffoir pour qu'il commence à l'utiliser. Une fois les premiers coups de griffe donnés, il ne devrait plus pouvoir s'en passer.

L'ARBRE À CHAT: LA BASE

C'est en trouvant des troncs d'arbres fraîchement coupés sur un chantier à côté de chez moi que j'ai fabriqué mon tout premier arbre à chat il y a quelques années. L'idée de créer un environnement stimulant et de redonner un peu de nature à mes 2 chats, Izy et Karma, me trottait dans la tête depuis longtemps, mais je n'avais pas encore trouvé la matière première nécessaire à la fabrication d'un vrai arbre à chat.

Dans ce tuto, je vous propose de fabriquer un arbre à base de troncs droits. Vous pouvez tenter de le reproduire à l'identique, mais vous pouvez aussi y piocher de l'inspiration et des techniques pour fabriquer un modèle correspondant à vos besoins (ou plutôt ceux de vos chats), à l'espace dont vous disposez et, surtout, aux troncs d'arbres que vous aurez pu récolter.

Ce projet nécessitant une quantité de travail assez importante, je l'ai découpé en 3 parties : l'arbre en lui-même avec ses 5 étages, les griffoirs et la cabane. Vous pouvez tout réaliser d'un coup ou ajouter les options au fur et à mesure de vos possibilités. Les nouveautés devraient ravir vos chats (les miens adorent !). Attention cependant si le lieu de fabrication de l'arbre est différent de sa destination d'usage. Son poids et son encombrement le rendent délicat à déplacer.

jon4s.com/
arbre-a-chat

MATÉRIEL

- ☐ Des troncs d'un diamètre 10 à 15 cm permettant de former 3 sections se rapprochant des dimensions suivantes :
  - ☐ 1 tronc de 70 cm (A)
  - ☐ 1 tronc de 120 cm (B)
  - ☐ 1 tronc de 180 cm (C)
- ☐ 1 planche de bois massif ou recomposé de 60 × 100 × 3,6 cm (voir le tuto pour recomposer du bois massif contreplaqué en page 49)
- ☐ 1 planche en pin de 60 × 200 × 1,8 cm
- ☐ 1 planche en pin de 40 × 200 × 1,8 cm
- ☐ 150 cm de rondins de 5 cm de diamètre environ (6 morceaux de 25 cm)
- ☐ 1 trentaine de vis de 5 × 80 mm avec une tête en étoile
- ☐ 6 patins de feutre autocollant

OUTILS

- ☐ Une scie à main
- ☐ Une scie sauteuse
- ☐ Une perceuse-visseuse
- ☐ Une mèche à bois de diamètre 4 mm
- ☐ Un niveau
- ☐ Un ciseau à bois de largeur 18 mm ou inférieure
- ☐ Un maillet
- ☐ Une râpe
- ☐ Du papier de verre et une ponceuse
- ☐ Une craie

Les matériaux et outils nécessaires pour le griffoir et la cabane sont indiqués dans leurs tutoriels respectifs en pages 155 et 165.

OÙ TROUVER LES TRONCS D'ARBRES ?

C'est le point de départ de ce projet et cela sera sans doute le premier défi à relever pour sa réalisation. Je vous donne quelques conseils pour trouver des grumes en page 24 et je rajoute celui-ci : soyez patient·e. Ce projet fait partie de ceux qu'on garde dans un petit coin de sa tête en attendant que les conditions pour sa mise en œuvre soient réunies.

Si vous ne trouvez pas de tronc, vous pouvez tout à fait envisager de réaliser ce projet avec du bois raboté de section carrée. Sachez toutefois que les chats aiment beaucoup le bois brut. Ils adorent se frotter sur les excroissances naturelles de l'arbre et ils auront des facilités à planter leurs griffes dans l'écorce pour monter le long du tronc.

LE SCHÉMA

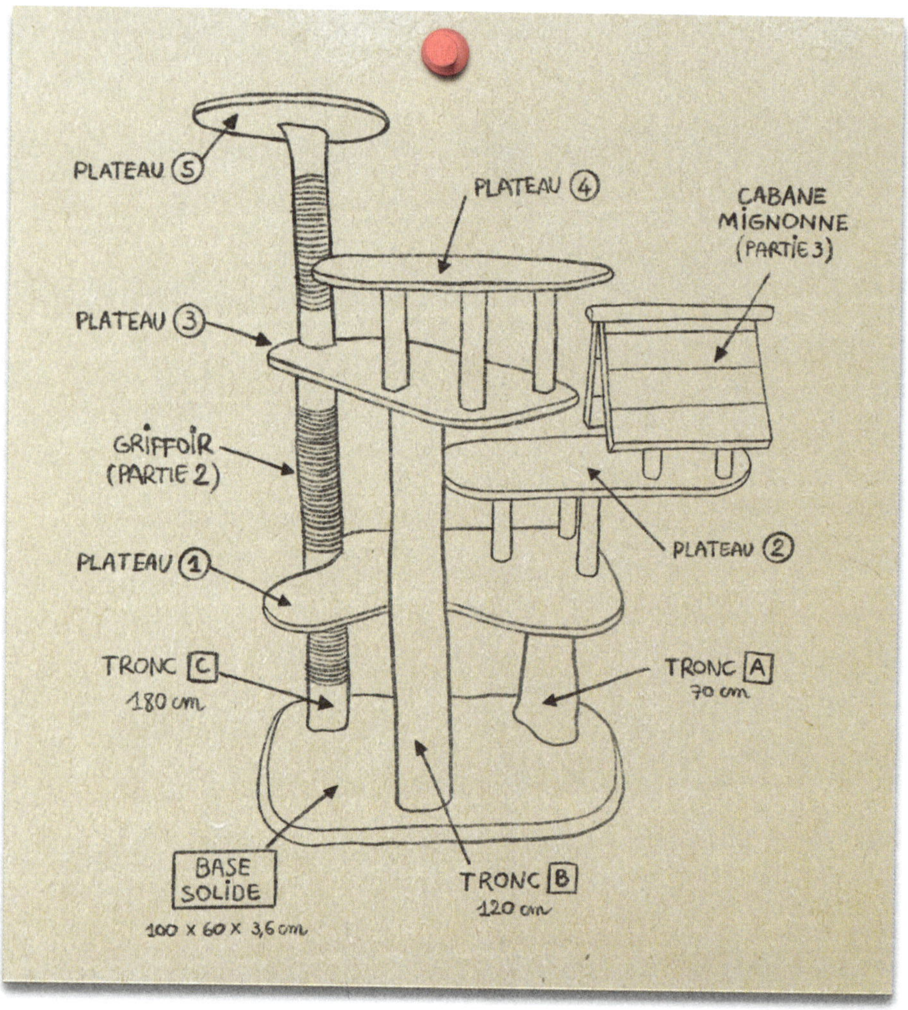

LES ÉTAPES

LA BASE

1/ Découper une planche de dimension 60 × 100 cm et d'épaisseur 3,6 cm ou plus.

Vous pouvez pour cela utiliser une planche de bois massif ou un plan de travail en bois lamellé-collé. Si vous souhaitez rester dans un budget raisonnable, je vous conseille de suivre mon tuto en page 49 pour recomposer un bloc de bois massif à partir d'une planche de pin premier prix de format 60 × 200 cm.

1

1

2/ Découper les coins en rond. Pour obtenir un effet bois brut, incliner la lame de votre scie sauteuse et effectuer une découpe légèrement irrégulière sur tous les côtés de votre planche.

Utiliser ensuite une râpe pour arrondir les angles
et lisser les courbes à la ponceuse.

3/ Nettoyer les troncs à l'aide d'une brosse métallique pour enlever la terre, la mousse et toutes les parties de l'écorce qui commencent à se détacher (si vous ne le faites pas, c'est votre chat qui s'en chargera dans votre salon).

C'est aussi le moment d'inspecter votre tronc pour repérer d'éventuelles traces de champignons ou de galeries creusées par des insectes xylophages.

4/ Couper les grumes pour obtenir 3 morceaux dont les dimensions finales seront d'environ 70, 120 et 180 cm. Si les pièces que vous avez à disposition le permettent, une marge de quelques cm vous permettra de faire face aux imprévus.

4

4

5/ Faire tenir les troncs à la verticale. Pour commencer, vérifier que votre sol est bien droit à l'aide du niveau. Si ce n'est pas le cas, vous pouvez utiliser de petites cales de bois ou de carton pour mettre à plat la base fabriquée à l'étape précédente.

5

Tenter ensuite de faire tenir chacun des troncs à la verticale sur la base. Si le tronc ne tient pas en équilibre, utiliser des cales pour corriger son angle. Une fois que le tronc est équilibré, tracer le trait de coupe à l'aide d'une craie surélevée sur une petite cale en bois.

6/ Couper l'autre extrémité de chaque tronc.

L'objectif de cette étape qui m'a souvent donné du fil à retordre (et c'est peu dire) est d'effectuer des découpes parallèles entre les 2 extrémités du tronc.

Pour cela, je vous propose 3 options :

OPTION 1

Tracer la ligne de coupe à l'œil. Cela peut paraître un peu risqué mais l'œil humain est une machine de précision à laquelle on oublie parfois de faire confiance. Prévoir tout de même quelques coupes additionnelles pour corriger les erreurs. Vous pouvez reprendre le principe inversé des cales utilisé à l'étape précédente.

OPTION 2

Trace la ligne de coupe en utilisant un niveau laser. Très efficace… si vous avez le fameux niveau. Mais attention, si cela élimine les erreurs dues au tracé, cela n'empêche pas les problèmes au niveau de la coupe. Le tronc étant très souvent irrégulier, il est en effet délicat de trouver le bon angle d'attaque.

6 - OPTION 2

6 - OPTION 2

OPTION 3

Se fabriquer une « boîte de coupe ». Cette option peut être très efficace si elle est bien réalisée. Elle nécessite d'y passer un peu de temps et de consommer du bois, mais cela peut être une stratégie gagnante surtout si vous avez besoin de réaliser de nombreuses coupes. Le principe est le même qu'une boîte à onglets géante dans laquelle vous fixeriez votre tronc à l'aide de serre-joints. Il suffit ensuite d'effectuer les coupes à gauche et à droite en suivant les gabarits de coupe.

6 - OPTION 3

POUR VÉRIFIER SI VOTRE COUPE EST RÉUSSIE

Vous pouvez utiliser votre niveau ou faire un simple contrôle visuel en posant une planche sur le tronc (si cela semble droit, c'est l'essentiel).

Si l'angle n'est pas parfait mais qu'un ajustement semble possible, vous pouvez tracer au feutre la zone à réduire et utiliser les outils de votre choix pour y arriver : râpe, ponceuse, rabot ou même ciseaux à bois…

6 - VÉRIFICATION

6 - VÉRIFICATION

7/ Positionner les troncs sur la base selon le schéma suivant et dessiner leur contour au crayon. Tracer 2 lignes côte à côte à la craie en guise de repère. Elles vous permettront de re-positionner les troncs par la suite.

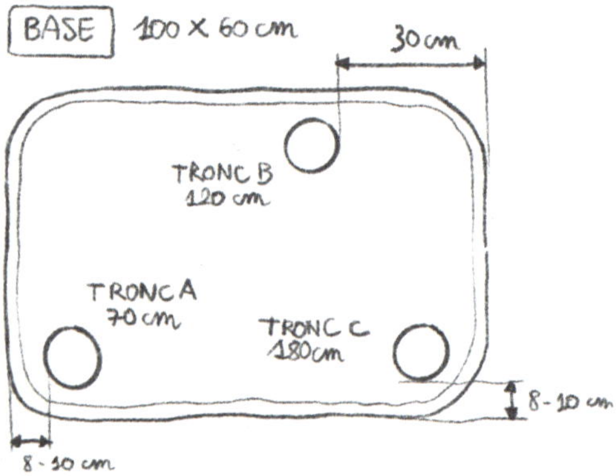

8/ Percer 3 trous à l'intérieur de chaque contour en prenant garde à ne pas être positionné trop près du bord.

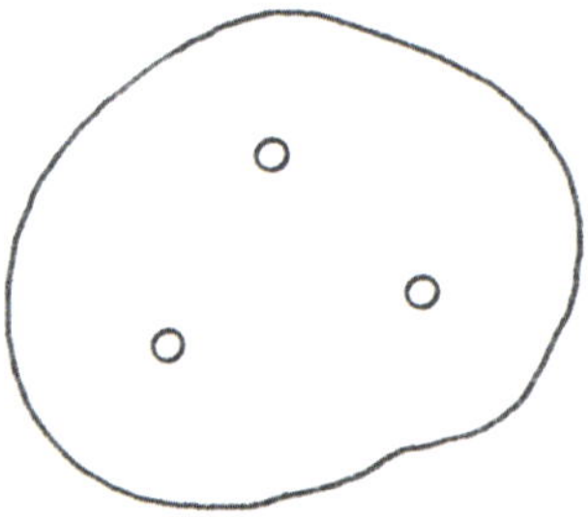

9/ Fixer les troncs sur la base. Le plus simple pour réussir cette étape est de surélever votre base sur 2 tréteaux (ou 2 chaises de même hauteur). Vous pouvez ensuite positionner un à un les troncs sur leurs contours et les fixer à l'aide de 3 vis.

9

10/ Dupliquer l'emplacement des 3 troncs sur la planche de 60 × 200 cm puis reproduire la forme indiquée sur le schéma ci dessous en prenant soin de l'adapter au positionnement et au diamètre des troncs. Le but est de faire déborder la forme du plateau d'environ 4 cm sur les troncs B et C. Effectuer la découpe quand le tracé est au point.

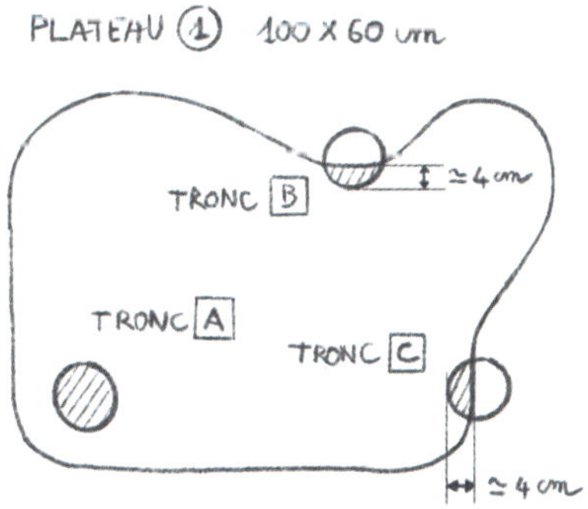

10

10

10

11/ Arrondir les angles avec les outils de votre choix : râpe, ponceuse ou même défonceuse si vous en êtes équipé·e.

11

11

12/ Positionner le plateau n° 1 sur le tronc A. Poser un poids de plusieurs kilos pour le maintenir en position et tracer les traits de la zone à entailler (un trait au-dessus et en dessous de la planche) sur les troncs B et C. Vous pouvez tracer les traits au crayon ou même directement réaliser une entaille à la scie.

12

12

12

13/ Utiliser votre scie égoïne pour couper les troncs sur une profondeur de 4 cm. L'objectif de cette étape est de créer une entaille horizontale dans laquelle viendra s'insérer notre premier plateau. L'idéal est de faire en sorte que l'entaille soit un tout petit peu plus étroite que l'épaisseur du plateau. Si vous visez trop juste et que le plateau ne rentre pas, vous pourrez toujours agrandir l'entaille. L'inverse n'est pas possible mais, pas de panique si votre entaille est trop large, nous aurons une option pour corriger ça.

14/ Évider la zone à l'aide du ciseau à bois.

15/ Insérer le plateau dans les entailles. Vous pouvez taper légèrement sur le chant et sur le bout de votre planche à l'aide du maillet pour le faire entrer en force. Si votre maillet n'est pas en caoutchouc, pensez à utiliser une cale de frappe (un morceau de bois) pour éviter d'abîmer le plateau.

Attention, si le plateau ne peut pas entrer entièrement dans une des entailles, il est important de s'en rendre compte avant qu'il ne soit sérieusement bloqué. Il faut dans ce cas retirer le plateau et agrandir les entailles à l'aide de la râpe ou du ciseau à bois.

Si tout s'est correctement passé, une fois le plateau entièrement inséré, le tracé du tronc 1 devrait, à quelques centimètres près, être positionné au niveau du tronc 1.

16/ Fixer le plateau sur le tronc A à l'aide d'une vis. Vous pourrez recouvrir cette vis avec de la pâte à bois si vous le souhaitez, mais pour des questions de réparabilité, je préfère la garder visible et accessible.

17/ Insérer une vis à 45 ° au niveau de chaque entaille pour définitivement solidariser les différents éléments. Attention à choisir une trajectoire qui ne fasse pas ressortir la vis sur le dessus du plateau.

18/ Découper les 4 derniers plateaux dans les planches restantes selon le schéma suivant.

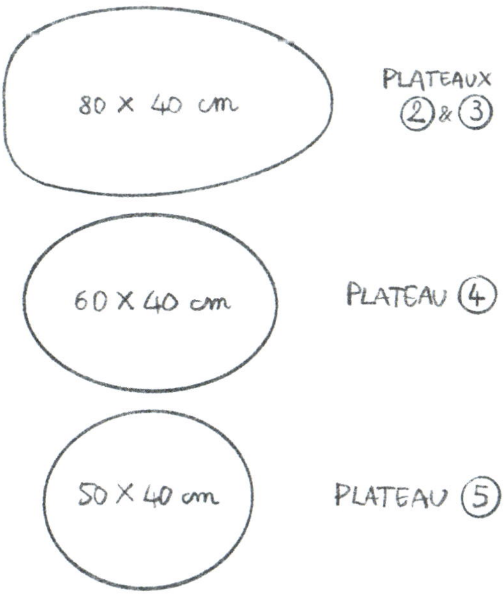

19/ Installer le plateau 3 selon le même principe que le plateau 1, avec cette fois-ci une seule entaille dans le tronc C.

20/ Fixer le dernier plateau au sommet du tronc C, avec 2 vis espacées de quelques centimètres.

LES DEMI-ÉTAGES

21/ Découper 6 sections de 24 cm dans vos rondins de diamètre 5 cm (3 par demi-étage).

On retrouve à cette étape la même difficulté que nous avons eue en étape 6 pour réaliser des découpes parallèles aux 2 extrémités de nos troncs. Même si les dimensions réduites de ces pièces rendent le travail beaucoup plus simple, cela peut vite tourner au casse-tête.

Je vous recommande donc de vous fabriquer une boîte de coupe dédiée en suivant ces étapes :

- visser 3 planches d'environ 8 × 50 cm en prenant soin de bien vérifier que les morceaux sont réguliers dans leurs dimensions et d'équerre ;
- tracer à l'équerre 2 traits de coupe espacés de 24 cm.

Il vous suffit ensuite de fixer votre boîte de coupe à votre plan de travail à l'aide de 2 serre-joints et de fixer vos rondins dans la boîte à l'aide d'un serre-joint. Il ne reste ensuite qu'à couper vos rondins en suivant précisément vos 2 traits de coupe (attention à ne pas dévier !).

22/ Positionner 3 rondins sur le plateau 1 et ajouter le plateau 2.

Une fois que vous avez trouvé la position qui vous convient, marquer l'emplacement des pieds sur les plateaux du dessus et du dessous.

Attention de prendre en compte l'encombrement de votre arbre. J'ai dû démonter certains éléments pour que ma dernière création passe les portes de mon appartement !

23/ Percer un trou de 4 mm au centre de chaque marquage sur chaque plateau en prenant soin d'utiliser un martyr (une planche que l'on place sous un perçage traversant pour éviter les éclats en sortie de mèche). Attention aux doigts quand vous percez le plateau du dessous !

24/ Positionner le plateau du dessus sur les 3 rondins en respectant les marquages effectués à l'étape 22 et fixer avec 1 vis par rondin.

25/ Repositionner la structure selon les marquages effectués sur le plateau du dessous et la fixer avec une vis par rondin.

QUELQUES IDÉES ALTERNATIVES

26/ Procéder de la même manière pour le plateau 4.

27/ Pour finir, faire basculer l'arbre à chat sur le côté afin d'installer 6 patins de feutre autocollant. Ils vous permettront de de le faire glisser sans difficulté dans votre salon. Et voilà, la base de votre arbre à chat est prête !

L'ARBRE À CHAT : LE GRIFFOIR

C'est l'option essentielle pour un arbre à chat ! Dans la continuité de la première partie de ce projet, je vous propose de créer 3 zones de griffoirs de 40 cm chacune qui permettront à votre chat de grimper facilement d'étage en étage et même d'accéder directement au dernier étage de l'arbre. Pratique pour se réfugier en hauteur lors d'une course-poursuite avec un congénère ou pour se défouler pendant son quart d'heure de folie.

Pour des questions de réparabilité, je n'utilise aucune colle. Une fois la corde en sisal usée, vous pourrez donc facilement la remplacer.

Vous pouvez réaliser ce projet indépendamment de la partie 1 en utilisant le rondin en bois de votre choix. Si vous souhaitez installer un griffoir en sisal sur un tube en carton, je vous donne quelques conseils à la fin de ce tutoriel.

jon4s.com/griffoir-sisal

MATÉRIEL

- ☐ Un tronc sur lequel installer votre griffoir (rendez-vous en page 135 pour la partie 1 de ce projet)
- ☐ De la corde en sisal de diamètre 6 ou 8 mm.
- ☐ Du ruban adhésif (papier si possible)

OUTILS

- ☐ Une perceuse-visseuse
- ☐ Une mèche à bois de diamètre variable selon celui de votre corde
  - ☐ 10 mm pour une corde de 8 mm
  - ☐ 8 mm pour une corde de 6 mm
- ☐ Un cutter
- ☐ Une scie à main
- ☐ Un ciseau à bois
- ☐ Un maillet
- ☐ Une râpe

CALCULER LA LONGUEUR DE CORDE NÉCESSAIRE

La longueur de corde nécessaire varie en fonction du diamètre de vos troncs et des dimensions souhaitées pour vos griffoirs. La bonne nouvelle, c'est que je vous ai préparé une formule toute prête et un calculateur en ligne accessible via le lien et le QR code ci-dessous.

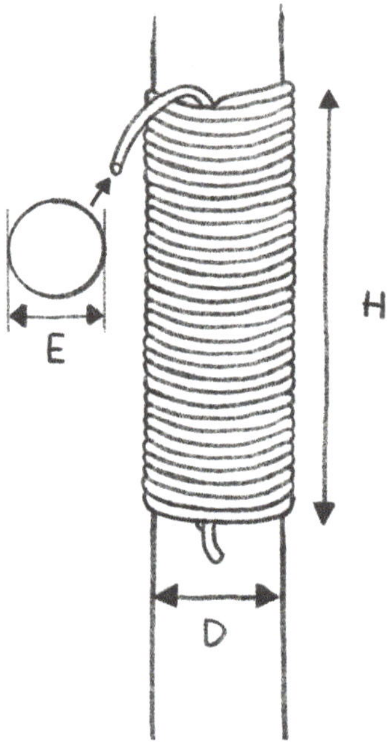

Longueur de corde nécessaire
= (D × 3,14 × H ÷ E) + (3 × H)

PARAMÈTRES EN CM	CM
D = Diamètre du tronc	10
E = Épaisseur de la corde	0,8
H = Hauteur de griffoir souhaitée	120
Longueur de corde nécessaire (D × 3,14 × H ÷ E) + (3 × H)	5070

Pour 120 cm de griffoir en corde de sisal 8 mm sur un tronc de diamètre 10 cm, j'ai donc besoin de :

(10 × 3,14 × 120 ÷ 0,8) + (3 × 120) = 5070 cm ≈ 51 m

LES RESSOURCES EN LIGNE

jon4s.com/griffoir-sisal

Retrouvez le calculateur de longueur et la liste de mes fournisseurs en flashant le QR code.

OÙ TROUVER DE LA CORDE EN SISAL ?

Vous pouvez trouver de la corde en sisal dans la plupart des jardineries et des magasins de bricolage, ainsi que chez les fournisseurs spécialisés dans la corderie. Si comme moi vous souhaitez créer une grande zone de griffage sur votre arbre à chat, je vous recommande d'acheter un rouleau de grande longueur plutôt que de multiples paquets de quelques mètres. Cela vous évitera des nœuds de jonction et vous coûtera beaucoup moins cher !

LE PRINCIPE

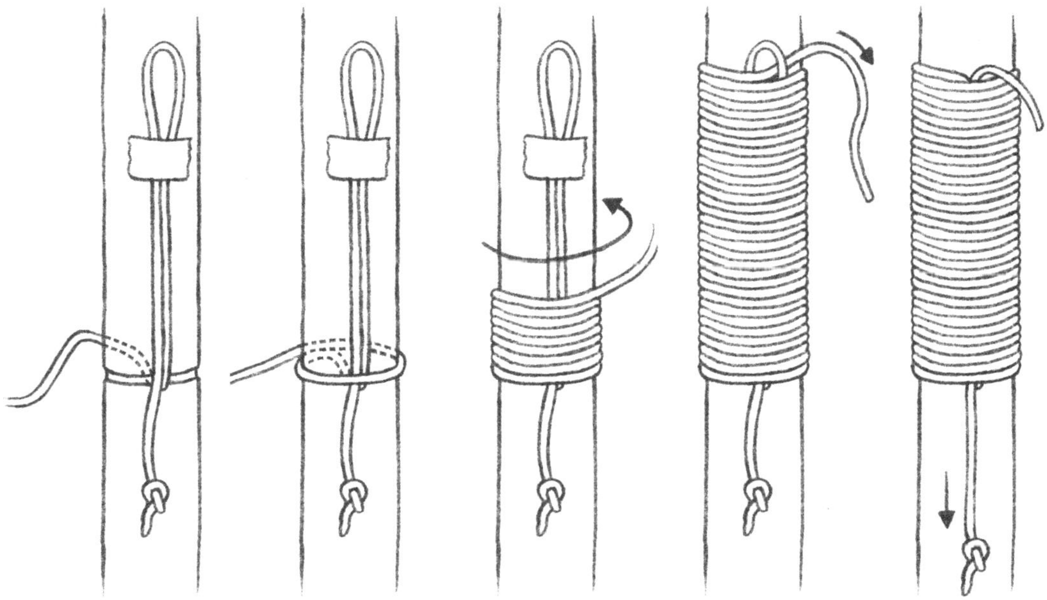

LES ÉTAPES

1/ Calculer la longueur de corde nécessaire. Pour ce projet, j'ai prévu 120 cm de griffoir (répartis en 3 zones) sur le tronc C de diamètre 10 cm avec une corde de diamètre 8 mm. J'ai donc besoin d'environ 17 m pour chaque zone, soit un total de 51 m de corde.

2/ Définir la zone d'installation de votre griffoir, de son point de départ en bas, à son point d'arrivée en haut.

3/ Préparer le tronc en supprimant toutes les excroissances qui empêcheraient votre griffoir d'être régulièrement enroulé sur la zone choisie. Je vous conseille d'utiliser une scie à main pour enlever le gros et de finaliser à la râpe.

4/ Percer le tronc au plus bas de la zone de griffoir prévue à l'aide d'une mèche de diamètre supérieur de 1 ou 2 mm au diamètre de votre corde (dans mon cas, une mèche de 10 mm pour une corde de 8 mm) et de longueur supérieure au diamètre du tronc. Si le diamètre de votre tronc est plus important que la longueur de votre mèche, vous devrez tenter de percer du côté opposé pour retomber dans le premier trou.

5/ Choisir l'axe de la perforation du tronc de manière à avoir le champ libre pour faire votre installation. Vous allez devoir creuser un rainage au ciseau à bois sur toute la hauteur de votre griffoir et il convient donc d'éviter de se retrouver coincé·e entre 2 plateaux.

6/ Faire passer la corde dans le trou, en la faisant bien ressortir du côté où vous avez le plus d'espace pour travailler (en toute logique, dans le sens inverse duquel vous avez percé). En cas de difficulté, vous pouvez utiliser un petit morceau de bande adhésive pour solidifier le bout de votre corde.

Faire ensuite un nœud à quelques cm du bout de la corde.

7/ Enrouler l'autre côté de la corde autour du tronc et marquer au crayon le chemin qu'elle emprunte pour faire un tour complet jusqu'à aller se positionner juste au-dessus de son point de sortie. Bien marquer au-dessus et en dessous de la corde.

8/ Entailler le tronc au cutter ou à la scie en suivant les 2 traits marqués à l'étape précédente. Puis, creuser une goulotte qui permettra d'accueillir la corde. Le but de ce rainage est de solidement bloquer la corde en bas du griffoir.

9/ Creuser sur toute la hauteur de la zone de griffoir, au-dessus du trou percé, une goulotte d'une largeur égale à 2 cordes côte à côte (2 × 8 mm = 16 mm) et de profondeur inférieure d'environ 2 mm au diamètre d'une corde (6 mm pour une corde de 8 mm). L'objectif de cette goulotte verticale est double : permettre à la corde de coulisser le long du tronc, gardant ainsi un minimum de frottements pour le serrage final, et éviter une dénivellation du griffoir le long de la corde de serrage.

10/ Tirer une longueur de corde (côté nœud) équivalente à 3 fois la hauteur de votre griffoir (3 × 40 cm) et la faire passer dans la goulotte de bas en haut. Former une boucle qui dépasse d'environ 10 cm en haut de la goulotte et la fixer à l'aide de ruban adhésif.

Sur la face avant, vous devriez avoir environ 20 cm de corde qui dépasse sous le griffoir. En sortie de la face arrière, vous devriez avoir le reste de la longueur de corde que vous aviez calculée précédemment.

11/ Enrouler la corde autour du tronc en serrant bien fort et en prenant garde de ne pas laisser d'espace entre chaque étage de corde.

Ne pas oublier d'enlever le ruban adhésif une fois arrivé·e à sa hauteur !

12/ Une fois arrivé·e en haut du griffoir, passer la corde dans la boucle.

13/ Il ne vous reste plus qu'à tirer sur la corde que vous aviez laissé dépasser en bas du griffoir (côté nœud) pour faire entrer la boucle sous la corde enroulée.
Cela devrait être difficile (c'est l'objectif pour un bon blocage) mais pas impossible. Pour avoir plus de force possible, vous pouvez faire une boucle et utiliser le poids de votre corps avec l'aide d'une barre (votre maillet par exemple) ou directement en montant dessus.

14/ Et voici le résultat !

Il ne vous reste plus qu'à couper la corde qui dépasse (faire un nœud en option) et à reproduire l'opération sur chaque zone que vous souhaitez transformer en griffoir.

LES NŒUDS DE JONCTION

En fonction des longueurs que vous avez à disposition, vous serez peut-être amené·e à devoir réaliser des jonctions entre 2 morceaux de corde. Il existe pour cela un nœud particulièrement adapté en raison de son faible volume : le nœud de tisserand.
Rendez-vous en page 31 pour suivre le tuto dédié.

L'ARBRE À CHAT : LE CABANON

Les chats adorent les petits coins. Alors pour finir notre arbre en beauté, je vous propose de leur créer une cabane cocooning dédiée à la sieste ! Dans la continuité du projet, on utilisera des branches d'arbres pour charpente et on sélectionnera notre plus belle palette pour faire une jolie toiture !

MATÉRIEL

- ☐ 3 à 4 planches de palette
- ☐ 230 cm de rondins de 5 cm de diamètre environ (voir le découpage sur le schéma ci-après)
- ☐ 2 grandes vis de 5 × 80 mm
- ☐ 30 vis moyennes de 4 × 50 mm
- ☐ 2 rondelles

OUTILS

- ☐ La boîte de coupe fabriquée dans la partie 2 (voir page 155)
- ☐ Une scie à main
- ☐ Une visseuse
- ☐ 2 serre-joints
- ☐ Un cutter

LE LEXIQUE

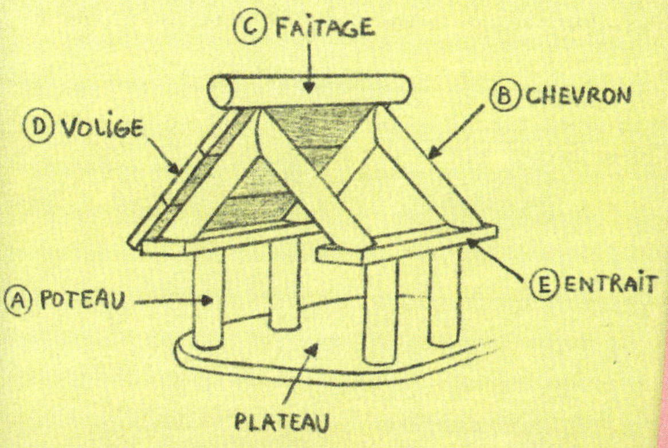

LES PIÈCES

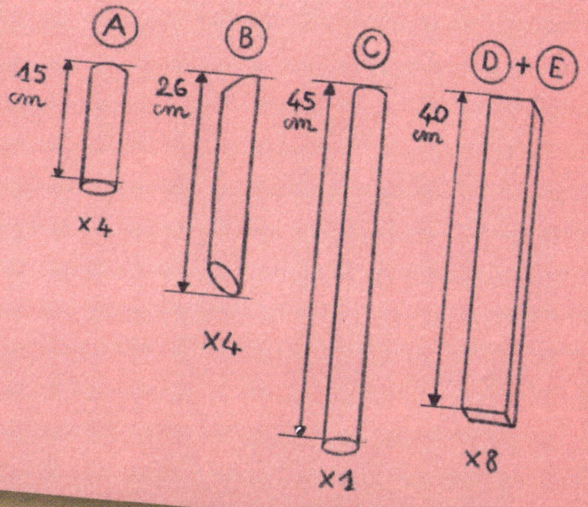

LA FABRICATION

Pour ce projet, nous allons commencer par préparer toutes les pièces dont nous aurons besoin.

1/ Découper 4 poteaux de 15 cm chacun dans les rondins de 5 cm de diamètre. Pour cela, je vous conseille de reprendre la boîte de coupe fabriquée à la partie 2 et d'ajouter un trait de coupe à 15 cm.

2/ Découper 4 sections de 26 cm avec des angles symétriques de 45 °. Pour cela, le plus simple est d'ajouter 2 traits de coupe symétriques sur la boîte de coupe. Il est préférable de sélectionner des sections de rondin vraiment rectilignes pour cette étape car nous sommes en train de fabriquer les chevrons sur lesquels seront posées les voliges de la toiture.

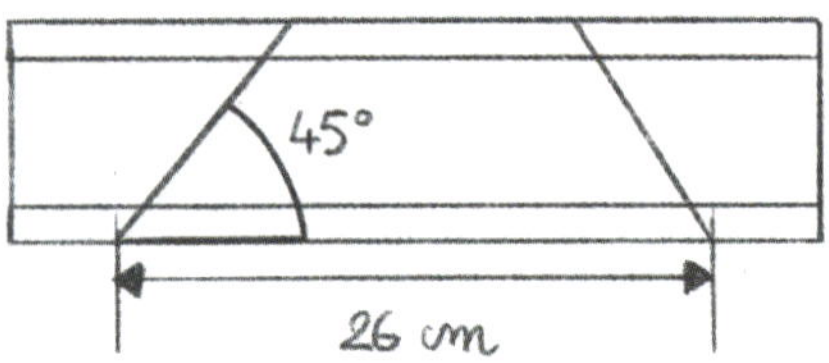

3/ Découper 1 rondin d'environ 45 cm pour le faitage du toit. L'angle de coupe n'a pas d'importance ici, donc vous pouvez vous passer de la boîte de coupe. Vous devez en revanche utiliser la section de rondin la plus rectiligne possible. En cas de doute, vous pouvez réserver cette étape pour plus tard.

4/ Désosser votre palette (tuto en page 36) et découper 8 planches de longueur 40 cm. Ajouter 2 planches si la largeur des planches est inférieure à 9 cm. L'idée est de réserver 2 planches pour faire office d'entraits et d'utiliser le reste comme voliges pour recouvrir le toit.

Et maintenant, commençons l'assemblage.

5/ Vérifier que les 4 chevrons à 45 ° sont bien égaux et les positionner 2 à 2 pour former 2 angles droits. Les fixer ensuite à l'aide de 2 serre-joints avant de les solidariser avec une grande vis.

6/ Mettre en place toutes les pièces sur leur plateau de destination pour vérifier que les dimensions sont correctes et que l'ensemble est cohérent.

Penser à vérifier que vous aurez l'espace nécessaire pour visser chacun de vos poteaux par le dessous.

7/ Si les planches de votre palette sont beaucoup plus larges que vos rondins, c'est le moment ou jamais de réduire les 2 entraits de quelques cm.

8/ Si tout semble fonctionner, laisser les 4 poteaux en place et transférer les autres pièces sur votre établi. Repositionner ensuite les chevrons sur les entraits, effectuer un préperçage des chevrons (afin d'éviter qu'ils ne se fendent lors du vissage), puis visser en prenant garde à ne pas faire ressortir les vis de l'autre côté des entraits.

9/ Une fois ce premier assemblage terminé, mettre votre charpente sur le côté et utiliser 4 vis moyennes pour renforcer la structure. Pour cela, maintenir solidement la structure avec une main et visser avec l'autre. Penser à vérifier la taille des vis avant de vous lancer !

10/ Repositionner la charpente et tracer les contours de chaque poteau sur le plateau.

12/ Fixer chacun des 4 poteaux par le dessous avec une vis moyenne.

11/ Percer un trou de 3 mm au centre de chaque contour en utilisant un martyr pour éviter les éclats en sortie de mèche. Attention aux doigts !

13/ Repositionner la charpente et la fixer à l'aide d'une vis moyenne par poteau. Vous devriez pouvoir positionner les vis à l'œil et visser sans préperçage mais, si besoin, vous pouvez tracer les contours et les prépercer au centre comme lors des étapes précédentes.

14/ Réunir les voliges restantes en 2 groupes de 3 (ou 4 si besoin). Le but de cette étape est de trouver la meilleure combinaison pour que les planches soient bien ajustées et forment 2 ensembles harmonieux.

15/ Positionner votre premier groupe de voliges sur un des côtés en prenant soin de l'aligner sur le faîte du toit.

16/ Une fois le bon positionnement trouvé, utiliser 2 vis moyennes pour fixer la volige du bas sur les chevrons gauche et droite. Je vous recommande de procéder de la même manière pour le deuxième groupe de voliges avant de visser toutes les planches.

17/ Poncer les voliges pour casser les arêtes et éliminer toutes les échardes qui pourraient présenter un danger.

18/ Positionner le rondin de faitage sur le haut du toit. S'il n'est pas rectiligne, vous pouvez l'ajuster au cutter ou à la râpe.

19/ Il ne vous reste plus qu'à visser en 2 points par l'intérieur du toit en utilisant une rondelle pour bloquer la tête de vis.

LE SUPPORT VÉLO EN PALETTE

Ce projet me trottait dans la tête depuis quelque temps mais je ne trouvais pas la bonne option pour qu'il soit réalisable avec seulement une palette Europe (c'est une ressource rare !) et sans avoir besoin d'acheter des équerres ou d'autres accessoires métalliques. La difficulté était de réaliser un support solide mais surtout qui permette de bien faire tenir les vélos (c'est quand même la base !).

Après quelques essais, j'ai finalement trouvé la bonne solution. Ce support est réalisable avec des outils à main, mais si vous possédez des outils électroportatifs, cela peut servir. J'ai par exemple utilisé ma scie circulaire pour mettre à plat un des côtés.

jon4s.com/
support-velo

OUTILS

- ☐ Une scie à bois
- ☐ Une scie à métaux
- ☐ Un pied-de-biche
- ☐ Une massette
- ☐ Un marteau
- ☐ Une tenaille
- ☐ Une perceuse-visseuse
- ☐ En option : une scie circulaire électroportative

MATÉRIEL

- ☐ Une palette Europe usagée
- ☐ 18 grandes vis de 5 × 100 mm
- ☐ 16 petites vis de 4 × 35 mm

L'INDEX DES PIÈCES

Pour commencer, voici le détail des différentes pièces que nous allons obtenir en démontant et en découpant notre palette Europe.

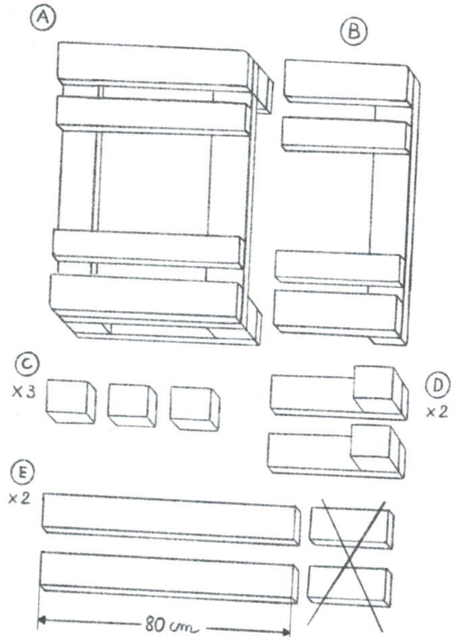

LA FABRICATION

1/ Retourner votre palette et enlever la semelle centrale (en rouge sur la photo) à l'aide du pied-de-biche et de la massette.

1

1

1

2/ Retirer les dés sur la semelle que vous venez d’enlever et les réserver. Vous obtenez un exemplaire de la pièce E et 3 exemplaires de la pièce C. Enlever ensuite les vis de la palette à l'aide du marteau et de la tenaille.

3/ Enlever la lame centrale du plancher.
Voici le deuxième exemplaire de la pièce E.

4/ Couper la palette en 2 en longeant la traverse sur le dessus et le dessous. Vous obtenez la pièce A, une demi-palette bien stable avec 2 semelles et 4 dés, à gauche sur la photo.

5/ Retirer les 2 dés du demi-plancher pour obtenir la pièce B et les 2 pièces C.

6/ À l'aide de 2 grandes vis, fixer les 2 semelles (pièces C) que vous venez de récupérer sur la demi-palette (pièce A).

7/ Couper les clous dépassant sur le demi-plancher restant (pièce B) à l'aide d'une scie à métaux puis les limer afin d'éviter tout risque d'écorchure. Si vous le souhaitez, vous pouvez aussi démonter tous les éléments du plancher pour le remonter proprement à l'aide de petites vis.

8/ Si vous sentez que les lames de votre demi-plancher ne sont pas solidement fixées sur leur traverse, consolider l'ensemble à l'aide des petites vis. Vous pouvez en utiliser 2 à 3 par lame si cela vous semble nécessaire pour obtenir un solide assemblage.

9/ Récupérer les dés que vous aviez mis de côté à l'étape 2 (pièces C) et les couper selon un angle de 33° pour obtenir 4 demi-dés identiques correspondant au gabarit suivant.

Vous pouvez télécharger le gabarit à imprimer ici :

jon4s.com/support-velo

10/ Récupérer le demi-plancher que vous aviez mis de côté (pièce B) et couper l'extrémité de chacune de ses lames en biseau dans la continuité de l'angle formé avec le petit côté de votre demi-dé.

11/ Positionner le demi-plancher (B) sur la demi-palette (A) en le faisant reposer sur les poteaux (D) que vous aviez fixés à l'étape 6 de manière à épouser l'angle de vos 4 demi-dés (C).

Une fois le positionnement correct trouvé, enlever le demi-plancher (B) avec précaution, puis fixer chaque dé à l'aide 2 grandes vis. Attention à bien déterminer l'angle et le positionnement de chaque vis pour ne pas la faire ressortir de l'autre côté de la planche.

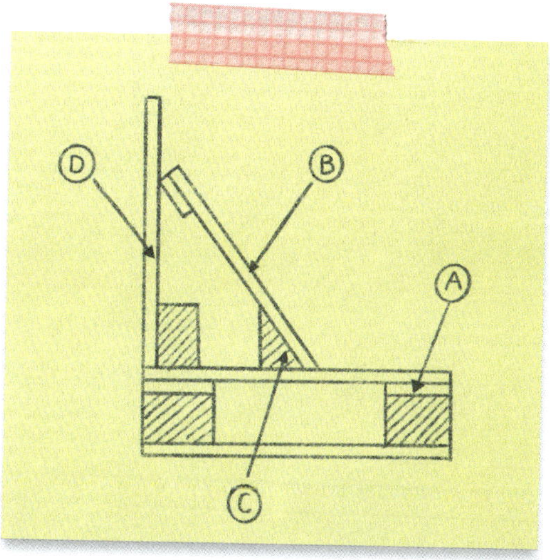

12/ Repositionner le demi-plancher (B) comme à l'étape 11 puis le fixer à l'aide d'une grande vis sur chacun des demi-dés.

13/ Couper les 2 poteaux (D) en suivant l'angle formé avec le demi-plancher que vous venez de fixer.

14/ Utiliser 2 grandes vis pour solidariser chaque poteau avec le demi-plancher.

15/ Couper une des 2 planches restantes (E) à 80 cm et la visser sur l'angle formé à la jointure entre les poteaux et le demi-plancher. Cette étape est particulièrement importante si votre support est utilisé en extérieur. Il empêchera la pluie de pénétrer par le bout du bois et lui permettra d'avoir une durée de vie beaucoup plus longue.

16/ Couper la dernière planche (E) à 80 cm et la fixer à l'avant de votre support vélo. Cette étape est avant tout esthétique. Vous pouvez donc vous en passer si vous manquez de matière première.

17/ Et hop, on finit par poncer.

18/ En fonction de la taille des vélos que vous souhaitez ranger, vous pourrez agrandir, à l'aide de votre scie à main, la claire-voie dans laquelle la roue est insérée. Une fois la coupe effectuée, il vous suffit d'utiliser un ciseau à bois ou même de taper au marteau sur la partie que vous souhaitez enlever.

Si votre support vélo est utilisé en extérieur, il est fortement recommandé de le protéger de l'humidité. Rendez-vous en page 55 pour fabriquer votre peinture naturelle et économique !

LA MANGEOIRE À OISEAUX

jon4s.com/mangeoire

Savez-vous que la population des oiseaux a chuté de 25 % en Europe au cours des dernières années ? La faute, entre autres, à l'intensification des pratiques agricoles et l'utilisation massive de pesticides dans nos champs. Pour leur donner un coup de pouce en hiver, il est possible de leur apporter de la nourriture en respectant quelques règles essentielles :

1. **Effectuer des apports de nourriture uniquement en période de froid prolongé, de mi-novembre à fin mars.**
2. **Effectuer un nettoyage régulier de votre mangeoire pour éviter la transmission de maladies.**
3. **Installer votre mangeoire en hauteur pour éviter les prédateurs et loin des vitres pour éviter les collisions.**
4. **Installer plusieurs mangeoires afin d'éviter un trop grand nombre d'individus en même temps et ainsi limiter la transmission de maladies.**

INDEX

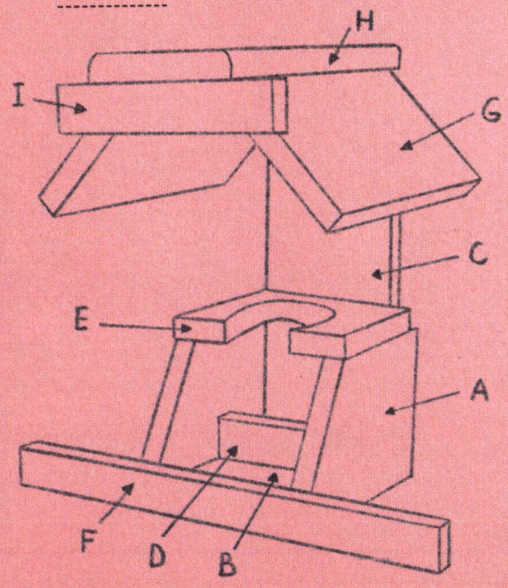

MATÉRIEL

- ☐ 2 planches de palette (14 × 120 cm) d'épaisseur environ 2,2 cm
- ☐ Une baguette de 4 x 45 cm d'épaisseur environ 1 cm (je l'ai découpée dans une planche de palette perdue)
- ☐ Une bouteille de jus de fruit en verre avec son bouchon correspondant au schéma ci-après
- ☐ 20 cl de peinture (voir page 55)
- ☐ 30 vis 4 × 50 mm

OUTILS

- ☐ Une scie égoïne
- ☐ Une scie sauteuse
- ☐ Une perceuse-visseuse
- ☐ Une râpe demi-ronde
- ☐ Un compas

PLAN DE COUPE

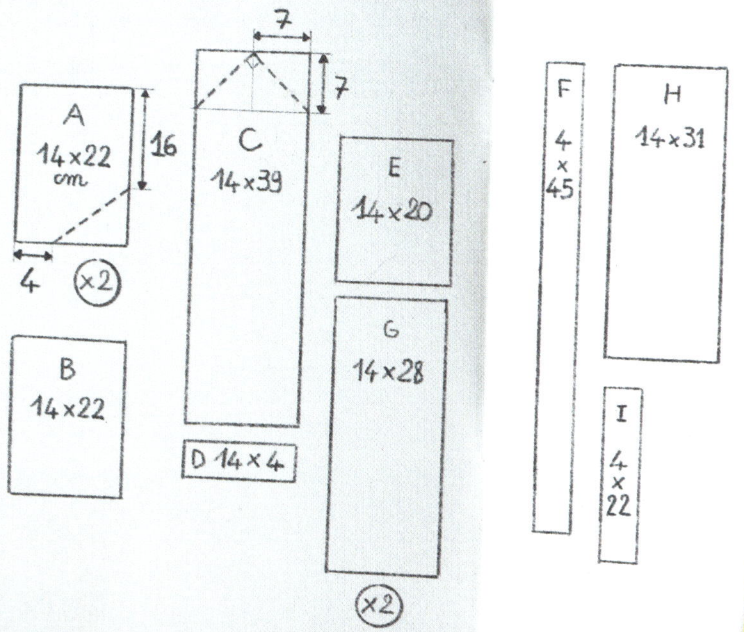

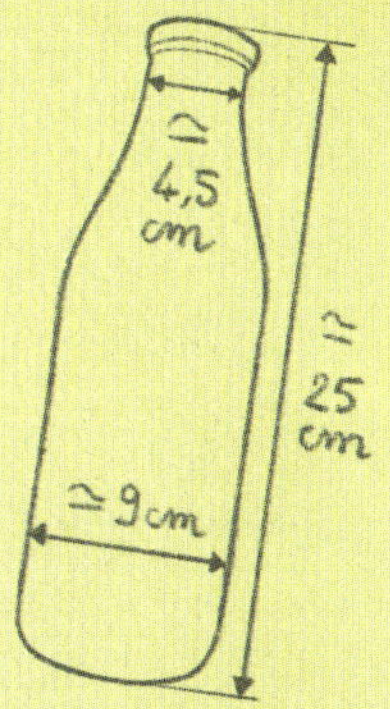

LES ÉTAPES

1/ Découper toutes les pièces dans les 2 planches de palette, à l'exception de la pièce F qui doit être moins épaisse pour être adaptée aux pattes des oiseaux.

2/ Fixer les 2 pièces A et la pièce B à l'aide de 4 vis. Pour plus de précision, utiliser des serre-joints pour positionner et maintenir les pièces.

3/ Fixer la pièce C à l'arrière à l'aide de 4 vis.

4/ Positionner la pièce D à 10 cm de l'avant et la fixer avec une vis de chaque côté.

6/ Ajouter 2 lignes droites pour l'entrée et la sortie selon le schéma ci-contre puis effectuer la découpe à la scie sauteuse.

5/ Tracer un cercle de diamètre 9 cm au centre de la pièce E dans le sens horizontal et à 1 cm du bord en vertical. Attention, si votre bouteille est différente du format spécifié dans le schéma page 185, vous devrez adapter le diamètre à découper.

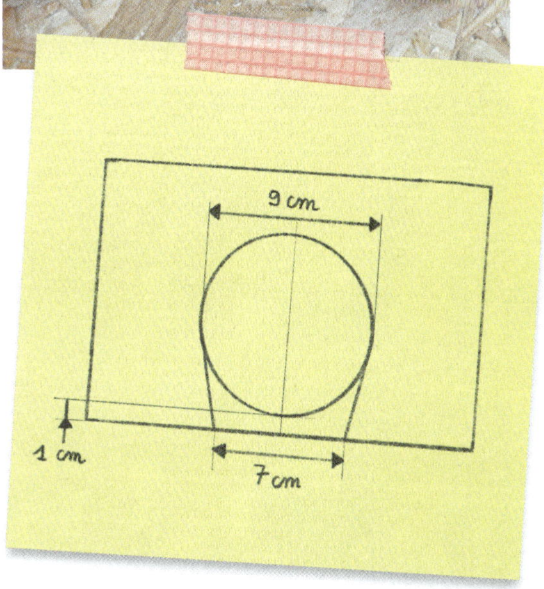

7/ Utiliser la râpe pour ajuster la découpe et créer un angle qui permettra à la bouteille de se pencher d'environ 30 °. Le fond de la bouteille doit toucher le mur arrière et son goulot doit toucher le plancher.

8/ Une fois la bouteille parfaitement calée, visser la pièce E.

9/ Découper une baguette de 4 × 45 cm dans une planche épaisse d'environ 1 cm et la visser à l'avant de la mangeoire.

10/ Utiliser 2 vis par côté pour fixer les 2 pentes de toit (G) en les faisant reposer de 4 cm sur le pignon.

11/ Découper la pointe du toit et fixer le faitage du toit (H) à l'aide de 2 vis.

12/ Fixer la dernière pièce I à l'avant du toit à l'aide de 4 vis :

- 1 vis dans chacune des pentes du toit
- 2 vis à la verticale depuis le haut du toit

C'est cette pièce qui fait le lien entre tous les éléments du toit et qui lui donne sa solidité.

13/ Poncer et utiliser de la peinture naturelle (tuto en page 55) pour peindre le toit.

14/ Fixer la mangeoire à une hauteur minimum de 1,5 m et à bonne distance de toute surface vitrée. Vous pouvez directement visser la mangeoire ou utiliser du fil de fer pour l'accrocher dans l'arbre de votre choix.

16/ En option, je vous propose de réaliser un support en L avec les chutes de palette pour maintenir votre téléphone sur la pente du toit.

16

16

15/ Remplir votre bouteille avec un mélange de graines non salées que vous pouvez acheter ou préparer vous-même. Une fois la bouteille installée, il ne vous reste plus qu'à ouvrir le bouchon.

15

MERCI

Tout d'abord, merci à vous qui me suivez sur les réseaux sociaux ! C'est grâce à vous que ce livre a pu voir le jour. C'est votre enthousiasme à chacun de mes nouveaux projets qui m'a donné l'envie de faire preuve de créativité toutes les semaines sur les réseaux. Vous êtes plus d'un million et je ne compte plus le nombre de (souvent) bons conseils que j'ai pu recevoir de votre part ! Certains projets sont même nés de vos suggestions :)

Merci à ma femme Jennifer et à mes enfants Pearline (en duo d'artiste avec Léon) et Tao qui supportent mon quotidien de bricoleur (légèrement) hyperactif… J'ai souvent transformé le salon en chantier, demandé des avis, sollicité des coups de main, demandé le « silence, ça tourne » et recommencé à zéro parce que ce n'était pas parfait. Une mention spéciale pour Jennifer, toujours disponible pour m'aider dans mes idées les plus folles !

Il paraît que c'est lors de nos premières années que tout se joue. Alors merci à mes parents qui m'ont donné l'envie de réussir et le goût du travail bien fait. Merci à mon papa Bruno qui m'a mis des outils entre les mains dès mon plus jeune âge et à ma maman Frédérique qui m'a appris à rendre un travail soigné et à ne jamais lâcher l'affaire !

Je suis très attaché à l'héritage qui est transmis de génération en génération. Merci à mes grands-parents qui m'ont tous légué un petit peu d'eux-mêmes. Le petit grain de folie de Gisèle, le goût du commerce de Raoul, la générosité de Marguerite ou le goût du travail bien fait de Jacques.

Dans la famille toujours, merci à mes deux chats Izy et Karma, stars de mes vidéos malgré eux, toujours prêts à tester mes créations et à prendre la pose pour les caméras.

Merci à My 365 pour le squat des locaux (la plupart de mes projets ont été réalisés là-bas), et à toute l'équipe My 365 pour les différents coups de main : Amandine, Catherine, Duty, Étienne, Louise, Lysa, Rico, Séb et toute la team… Un remerciement spécial à Duty qui est en grande partie responsable du succès de mon projet de ceinture à outils ! Merci à Jen et Amandine @lesyeuxenamande pour la relecture de ce même tuto.

Merci à Mélanie @melanie.leculdepoule pour ses bons conseils, à Mathilde et Mathieu @tillylab_ pour l'inspiration de l'établi en palette, à Monique, Camille et Marie @mariewild pour leurs bons conseils sur le projet de mangeoire et à toutes celles et ceux qui m'ont donné un coup de main en passant et que je ne peux pas citer ici !

Merci au Bloom Pop, mon QG pour le passage en week-end avec les meilleures bières artisanales du coin, à l'atelier partagé de La Belle Déchette (page 11), à la Société des Ocres de France (page 56), à la Corderie Mansas (page 156), à mes marques de chaussure vegan préférées Zeta et Veja qui m'ont toutes deux offert des paires de chaussure que vous pouvez apercevoir dans ce livre et à ma voisine Khadija pour ses bons petits plats.

Merci à Garance, Céline, Laëtitia et à toute l'équipe des éditions La Plage pour avoir cru en moi et pour m'avoir accompagné durant ce long périple. Ce n'était pas simple mais je crois que, à quelques détails près, le résultat est à la hauteur !

Et pour finir, merci à vous qui tenez ce livre entre vos mains ! J'espère qu'il sera un support qui vous donnera envie de reproduire, copier, adapter, et pourquoi pas inventer les projets de vos rêves.

Achevé d'imprimer en mars 2025